Sacerdotisas voduns e rainhas do Rosário

Sacerdotisas voduns

e rainhas do Rosário

Mulheres africanas e Inquisição em Minas Gerais (século XVIII)

Aldair Rodrigues e Moacir Maia (ORG.)

Chão

CHÃO EDITORA
EDITORA Marta Garcia
EDITOR-EXECUTIVO Carlos A. Inada

CAPA, PROJETO GRÁFICO E DIAGRAMAÇÃO Mayumi Okuyama
PREPARAÇÃO Márcia Copola
REVISÃO Isabel Cury e Cláudia Cantarin
PESQUISA ICONOGRÁFICA Aldair Rodrigues, Moacir Maia e Erica Fujito
PRODUÇÃO GRÁFICA E TRATAMENTO DE IMAGENS Jorge Bastos
MAPAS Sônia Vaz (com base em mapas de Danielle Corrêa)

DADOS INTERNACIONAIS DE CATALOGAÇÃO NA PUBLICAÇÃO (CIP)
(CÂMARA BRASILEIRA DO LIVRO, SP, BRASIL)

Sacerdotisas voduns e rainhas do Rosário : Mulheres africanas e Inquisição em Minas Gerais (século XVIII) / organização Aldair Rodrigues , Moacir Maia. — São Paulo, SP : Chão Editora, 2023.

Bibliografia
ISBN 978-65-80341-12-2

1. Brasil – História 2. Diáspora africana 3. Inquisição – Minas Gerais (MG) 4. Mulheres escravizadas 5. Vodu I. Rodrigues, Aldair. II. Maia, Moacir.

23-146511 CDD-299.6

Índices para catálogo sistemático
1. Minas Gerais : História 981.51
Tábata Alves da Silva – Bibliotecária – CRB-8/9253-0

Grafia atualizada segundo as regras do Acordo Ortográfico da Língua Portuguesa (1990), em vigor no Brasil desde 1.º de janeiro de 2009.

chão editora ltda.

Avenida Vieira de Carvalho, 40 — cj. 2
CEP 01210-010 — São Paulo — SP
Tel +55 11 3032-3726
editora@chaoeditora.com.br | www.chaoeditora.com.br

Sumário

Anexos

Apresentação

Este volume reúne transcrições de manuscritos sobre a vida e as práticas culturais de mulheres africanas perseguidas pelo Tribunal da Inquisição em Minas Gerais, durante o século XVIII. Oriundas da região vodum da Costa da Mina, no Brasil essas mulheres assumiram posições de liderança nas comunidades negras como devotas ou sacerdotisas (vodúnsis). Algumas delas acumulavam também as funções de juízas e rainhas de irmandades católicas, como a de Nossa Senhora do Rosário dos Pretos.

Por um longo tempo, nós nos acostumamos a entender as religiões africanas nas Américas como fenômenos sincréticos ou genericamente africanos. Ao voltarmos os olhos para uma região específica da África e, em simultâneo, para as vilas auríferas do período colonial, buscamos oferecer novas possibilidades para a compreensão do tema, recuperando capítulos importantes da história da diáspora negra que foram apagados pela violência da intolerância e do racismo religioso.

Apesar da presença numerosa de povos da Costa da Mina falantes de línguas gbe[1] no Brasil escravista, a religião vodum por eles praticada ainda tem escassa visibilidade na história das culturas africanas no país. Sabemos muito pouco sobre sua diversidade étnica e visões de mundo. Comparativamente, o culto aos orixás de seus vizinhos iorubanos é bem mais conhecido entre nós.

Nesse período, raros africanos foram alfabetizados e puderam deixar registros escritos de próprio punho, como foi o caso de Francisco Alves de Souza.[2] É possível, no entanto, acessar fragmentos das vozes africanas inscritas em documentos produzidos pelo poder colonial. Os manuscritos reunidos neste livro evidenciam o protagonismo de mulheres da Costa da Mina. Em seu conjunto, convidam o leitor a considerar a questão de gênero como fator importante para os deslocamentos promovidos pelo tráfico, para a própria escravidão e para a questão das hierarquias baseadas na cor da pele. No Brasil escravista, tais elementos impactavam de forma diferente a experiência feminina e a experiência masculina de escravização. O objetivo, aqui, é buscar compreender a vida dessas mulheres para além de estereótipos vinculados ao cativeiro.

—

Os manuscritos foram localizados no Arquivo da Torre do Tombo entre os códices do Tribunal da Inquisição de Lisboa. Um deles está catalogado como processo, e os demais são relatos e transcrições de depoimentos de testemunhas que permaneceram dispersos e sem identificação nos Cadernos do Promotor do Tribunal. A seleção de documentos para este livro priorizou denúncias contra pessoas que, embora perseguidas ou presas, não chegaram a ser sentenciadas. Por alguma razão, os casos ficaram sem desfecho. Nesses códices, os documentos referentes ao Brasil aparecem aleatoriamente em meio a registros oriundos das várias partes do Império português nas quais os inquisidores do Tribunal de Lisboa exerciam jurisdição: além da capital, os espaços atlânticos constituídos por Açores, Madeira, África e Brasil. Os casos analisados aqui foram remetidos a Portugal pelos agentes da Inquisição que atuavam em Minas Gerais.

O primeiro documento, que já foi identificado e analisado por Luiz Mott de forma pioneira, descreve o complexo culto dedicado ao Deus da Terra de Courá em Paracatu, no noroeste de Minas Gerais, em 1747.[3] O segundo e o terceiro conjunto de documentos dizem respeito a Ângela Gomes, que foi mestra de práticas rituais africanas na região do atual município de Itabirito e, ao mesmo tempo, coroada rainha da

Irmandade de Nossa Senhora do Rosário dos Pretos.[4] O quarto documento, datado de 1759, oferece detalhes sobre a confecção de *bo* e *botchio* por Teresa Rodrigues e Manoel mina no arraial de Rio das Pedras, comarca de Sabará. Nele, o comissário da Inquisição responsável pela perseguição religiosa associa grupos da Costa da Mina ao culto a figuras de serpentes (possivelmente vodum Dangbé).[5] O quinto e o sexto manuscritos do Santo Ofício são breves denúncias (um fólio cada) que ajudam o leitor a compreender a persistência da vigilância sobre as crenças e culturas africanas no período colonial. Eles se referem a Teresa Dias, residente em Ouro Preto, e a Maria Teixeira, que vivia em Mariana.[6]

As transcrições[7] são complementadas por documentos preservados em Mariana, no Arquivo Histórico da Casa Setecentista e no Arquivo da Cúria Metropolitana; e, em Ouro Preto, no Arquivo Eclesiástico da Paróquia do Pilar. Neles podemos observar outras facetas da vida de mulheres que foram coroadas rainhas do Rosário. Por exemplo, o leitor conhecerá mais detalhes sobre a trajetória de Ângela Gomes. Na documentação do Tribunal do Santo Ofício, ela aparece como poderosa sacerdotisa de cultos africanos ("mestra das feiticeiras"); já na documentação eclesiástica brasileira, surge como rainha do Rosário de Itabira do Campo (atual Itabirito). Apresentamos também o testamento de Inácia Pereira, de nação Fon (atual Benim).[8] Além de narrar brevemente episódios de seu cativeiro e liberdade, ela dita suas últimas vontades, organizando o destino dos seus bens e o próprio funeral. Inácia aparece aqui integrada ao meio social de Minas Gerais, vivendo entre outros africanos e se relacionando com a classe proprietária branca. Isso permite que entendamos de que modo ela interferia nos rumos de sua vida.

As vozes africanas inscritas nessa documentação foram registradas pelos agentes do poder colonial português. Portanto, no momento em que depuseram ou fizeram confissões, as pessoas estavam em posição vulnerável diante da força do aparelho repressivo. É recomendável, assim, que se faça uma leitura a contrapelo do teor dos manuscritos, levando em conta os filtros que mediaram sua produção. O posfácio oferece elementos para uma interpretação diferente da interpretação reducionista legada pelos oficiais portugueses. O leitor deve estar atento, por exemplo, à linguagem eurocêntrica que associava os praticantes de religiões africanas ao mundo diabólico e aos estereótipos da feitiçaria. Com base no conhecimento sobre a história das culturas de África, é possível acessar dimensões ainda pouco conhecidas da vida de mulheres e homens africanos e compreender o funcionamento da ideologia da demonização nos impérios coloniais.

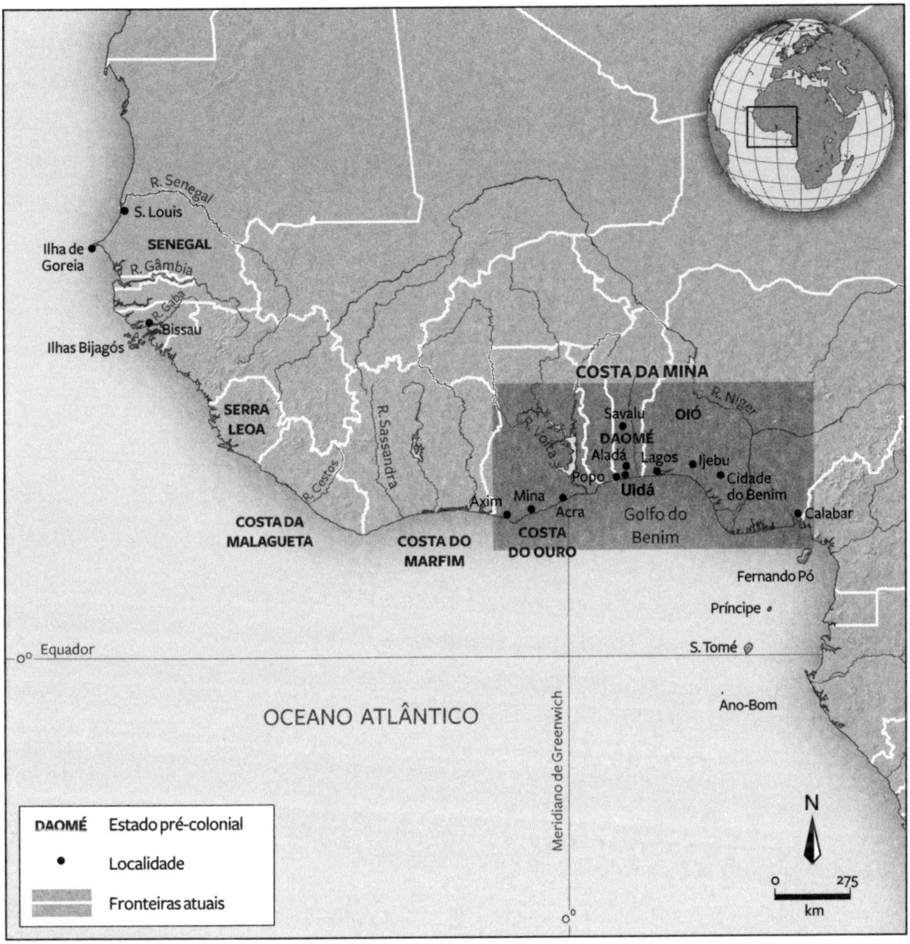

Mapa da Costa da Mina

Sumário contra o culto ao Deus da Terra de Courá e dança de Tundá, Paracatu, 1747[1]

TRASLADO DE AUTO DO SUMÁRIO

Ano de nascimento de Nosso Senhor Jesus Cristo de mil setecentos e quarenta e sete anos, aos trinta dias do mês de setembro do dito ano nestas minas de Paracatu, comarca da Manga, bispado de Pernambuco, em casas de morada do reverendo doutor vigário-geral Antônio Mendes de Santiago. E sendo aí onde eu escrivão me achava, pelo dito senhor me foi dito, digo, me foi dado [sic] uma sua [petição], digo, me foi dado [sic] uma sua portaria para que virtude dela se fazer auto de corpo de delito e sumário para se proceder contra as feiticeiras. De que tudo para constar fiz este termo, eu o padre Manoel Pereira Franco, escrivão do Auditório Eclesiástico que o escrevi.

TERMO DE REQUERIMENTO

Aos trinta dias do mês de setembro de mil setecentos e quarenta e sete anos nestas minas de Paracatu, comarca da Manga, em casas de morada do reverendo doutor vigário-geral Antônio Mendes de Santiago, onde eu escrivão ao diante nomeado fui vindo e sendo aí perante o dito senhor apareceram presentes os capitães do mato Antônio dos Santos de [Alcamim] Ferreira, João Alves de Vasconcelos, Pascoal Pereira da Silva, Inácio da Silva, José Félix de Souza, moradores nestas minas de Paracatu, e por eles foi dito e requerido que tendo eles notícia certa que nas cabeceiras deste arraial havia uma casa de uma preta courana chamada Teodósia, escrava de João de Souza Brito, na qual, nas noites de sábado de cada semana se ajuntavam várias negras e negros forros e cativos e, depois de estarem juntos, armavam uma dança de Tundá, assim chamada, e nela tinham alguns ditos que encontravam a nossa santa fé católica. Levados os ditos capitães do mato do zelo e serviço de Deus, foram dar na mesma casa naquela noite em que acharam muitos machos e fêmeas metidos na tal dança e prenderam alguns e fugiram outros por serem poucos os capitães do mato e os oficiais que tinham ido a tal diligência. Entre estes haviam preso [sic] a dona da casa e Jacinta, escrava de João Ribeiro Marinho, e Lourenço, escravo do coronel José Velho Barreto, os quais traziam à presença do dito senhor para mandar segurá-los na prisão e requeriam se tomasse conhecimento desta culpa segundo merecessem. Sendo ouvido pelo dito senhor seu requerimento, mandou fazer este termo que todos assinaram.

Eu padre Manoel Pereira Franco, escrivão do Auditório
Eclesiástico que o escrevi sinal de José Félix da Costa[2]
Antônio dos Santos de Alcamim Ferreira
Pascoal Pereira
João Alves Mendes

TERMO DE JURAMENTO

E logo no mesmo dia, mês e ano atrás declarado nestas, digo, atrás declarado pelo reverendo doutor visitador e vigário-geral, lhe foi deferido o juramento dos Santos Evangelhos aos ditos capitães do mato que no livro deles puseram sua mão direita sob cargo do qual lhe encarregou dissessem verdade de que lhe fosse perguntado pelo dito senhor, a razão que tiveram para o fazerem; a qual fizeram sem ordem alguma de ministro e em que tempo haviam feito, e o que tinham achado naquela casa em que fizeram as prisões.

E as pessoas que nela acharam responderam, debaixo de juramento que haviam tomado, que não tiveram ordem alguma de ministro, somente tiveram notícia que, naquela casa, todas as noites de sábados de cada semana se faziam [sic] um ajuntamento oculto por ser a mesma casa desviada de arraial e que nela, depois de estarem juntas várias pessoas, entravam a fazer uma dança chamada de tundá, diabólica, que encontrava os bons costumes de pessoas cristãs, proferindo na mesma ocasião várias palavras [com] erro da nossa santa fé católica, fazendo vários feitos [e movimentos] na tal dança, especialmente uma negra forra de nação Mina chamada Caetana, moradora na rua de Goiazes. E na ocasião da mesma dança subia pela casa acima e se punha a pregar às outras em que dizia que era Deus que fizera o céu e a terra, águas, pedras. E para entrarem nesta dança armavam primeiro um boneco que tinham feito, com feitio de cabeça e nariz à imitação do diabo, espetado em uma ponta de ferro, com uma capa de pano branco, que lhe cobria a cabeça e só aparecia a ponta do focinho [e costas] cheias de sangue. [E o] punham no meio da casa em um tapete pequeno em cima de umas cruzes de nove travessas em cada ponta e umas panelas em roda. Dentro delas, umas pontas de ervas cozidas; e em outras, umas ervas cruas; em outra, um pouco de terra com mau cheiro. E depois de terem armado este [estrado] ao boneco, entravam todos a dançar e a dizer seus ditos que aquele era o santo da sua terra; e assim obsequiavam ao tal boneco nas noites de sábado. E que, tendo aquela notícia, por zelo do serviço de Deus se ajuntaram e deram na tal casa, e os que tinham prendido os vinham entregar a este juízo com os trastes acima declarados para se castigarem e devassar do caso. O que tudo visto e ouvido pelo dito senhor, os mandou para a prisão e mandou tomar seu requerimento e o boneco ficasse em juízo para se devassar do caso; de que fiz este termo que assinaram.

Eu o padre Manoel Pereira Franco, escrivão o escrevi.

Sinal de Pascoal Pereira Silva

sinal de José Félix

João Alves

Antônio dos Santos de Alcamim Pereira Mendes

PORTARIA

O escrivão deste juízo com duas outras testemunhas irá à casa das danças que declaram os capitães do mato, adonde se costumavam ajuntar os presos a dançar e nela fará termo assinado pelas testemunhas. Minas do Paracatu, trinta de setembro de mil setecentos e quarenta e sete anos. Mendes

AUTO DE CORPO DE DELITO

Ano do nascimento de Nosso Senhor Jesus Cristo de mil setecentos e quarenta e sete anos, aos trinta dias do mês de setembro do dito ano, nestas minas de Paracatu, comarca da Manga, bispado de Pernambuco, onde eu escrivão ao diante nomeado fui à paragem chamada as Cabeceiras do Corgo dos Macacos, distante do dito arraial meia légua, em virtude da portaria junta, com três testemunhas e os oficiais de vara do mesmo juízo ao diante nomeados. E sendo lá, digo, nomeadas e cheguei à dita casa que estava coberta de capim com uma porta de couro fechada e dentro dela estava um altar com uma banqueta, tudo feito de barro, e guarnecida esta banqueta com uns [moringues] de barro [cheios de água com uns bichos dentro; e dentro deles uns sapos, digo, bichos e, entre eles, uns cabaços]. E tinha o dito altar um frontal de panículo com suas molduras pintado de sangue e junto a ele uma frigideira de barro cheia de água com um búzio grande [à imitação] de água benta por ter um hissope dentro; seguiam mais atrás do altar uma gaita com uma fita encarnada e uns búzios [duas palavras ilegíveis] e logo ao diante estava mais uma bandeira de pano branco pintada de sangue pregada em dois paus metidos na terra e detrás uma panela [ilegível] pintada de sangue e uns cabaços [ilegível] [guarnecidos] com espinhos de peixe e cobra; e outrossim junto da dita casa estava outra onde morava uma preta forra por nome Josefa Maria, natural da Costa da Mina.

Examinando a dita casa, nela achei uns trastes pertencentes aos malefícios. Achei entre a sua roupa um pano branco com uma pintura à imitação dos martírios de Cristo cuja pintura era feita com sangue; e achei mais vários unguentos e ervas de várias castas e [ilegível] [de várias castas], digo, de várias [outras raízes], e que tudo se acha em verdade e tudo [se acha em juízo; de que] tudo fiz este auto de corpo de delito perante as testemunhas abaixo assinadas [e as pessoas] declaradas.

Testemunhas Jerônimo da Silva
José de Faria/ Antônio José Monteiro/ Joaquim Paulo,
todos moradores neste arraial e eu padre Manoel Pereira
Franco, escrivão que o escrevi
Mendes

ASSENTADA

Aos quinze dias do mês de outubro de mil setecentos e quarenta e sete anos, nestas minas de Paracatu, comarca da Manga, em casas de morada do reverendo doutor vigário-geral, onde eu escrivão ao diante nomeado [fui] para [junto com] dito senhor perguntar as testemunhas no sumário retro; e perguntadas por seus nomes, cognomes, moradas, idades ditas e costumes, tudo é o que [ao diante se segue]. De que tudo fiz este [termo]; eu o padre Manoel Pereira Franco, escrivão que o escrevi.

DITO 1.º

Rosa Pinheira, preta forra que vive de sua agência, assistente neste arraial, natural da Costa da Mina, de idade de quarenta anos, pouco mais ou menos, testemunha a quem o reverendo doutor vigário-geral deferiu o juramento dos Santos Evangelhos que no livro deles pôs sua mão direita sob cargo do qual lhe interrogou dissesse a verdade do que soubesse e perguntado lhe fosse; e o prometeu fazer [assim]; e dos costumes disse nada.

E perguntada ela testemunha pelo conteúdo no sumário retro disse que sabia que nas vizinhanças deste arraial havia uma casa nas cabeceiras de um corgo que deságua no Corgo Rico a qual era de uma preta cujo nome ignora, o qual podia declarar Benta Teodora de Jesus, moradora na rua de Goiazes, na qual casa todas as noites de sábados se ajuntam vários negros e negras forras e cativos em um folguedo. E tendo ela testemunha notícia nesse folguedo se faziam e diziam algumas coisas contra a nossa santa fé, viera ela testemunha dar parte ao reverendo doutor visitador e vigário-geral para lhe dar o remédio; o qual mandara a ela testemunha que algumas noites fosse ao mesmo lugar, sem se meter no folguedo e de fora, observasse todas as ações e palavras do tal folguedo, como também as pessoas que entrassem nele, por seus nomes e do que lá visse e ouvisse, lhe tornasse a dar parte, por cuja razão fora ela testemunha uma noite a mesma casa fazendo-se do seu [séquito] que queria ver o folguedo.

E nessa ocasião se ajuntaram grande quantidade de negros e negras forros e cativos e os achou dançando na mesma casa ao som de um tambor [e] tabaque em que faziam várias macaquices e movimentos com algumas palavras que ela não entendia por falarem na sua língua de Courá [por gíria]. E tinham na mesma casa uma cozinha, onde ela testemunha não entrou nem viu o que estava dentro dela, mas que viu saía de lá uma preta forra por nome Josefa Maria embrulhada em umas chitas velhas e [entrava] na dança [em que proferia] algumas palavras que encontrava a nossa santa fé e outras que ela não entendeu e na mesma dança se fingia morta, caindo no chão, e outras a pegavam e levavam para dentro da tal camarinha. E depois desta dança saía uma que se chamava Quitéria, e esta subia em cima da casa e se punha a pregar pela sua língua dizendo que era Deus e que era filha de Nossa Senhora do Rosário e de santo Antônio e que o santo da sua terra estivera sete anos de joelhos diante de Nossa Senhora do Rosário para lhe dar licença para vir a esta terra, e que já cá estava e trouxera uma carta de Roma para nestas minas se lhe fazer uma igreja, que o reverendo doutor visitador lha rasgara, e que agora deve vir outra de Roma para se fazer igreja e o pôr nela. E que estando a carta na igreja o reverendo doutor visitador lha rasgara.

E depois de fazer esta prática saíra ao terreiro e trouxera uma negra, que ela testemunha lhe não sabe o nome, uma galinha morta e a levara para a camarinha e depois desta saíra outra com uma caldeirinha e um ramo verde e com ele espalhava água por cima de todos como quem deitava água benta. Feita esta cerimônia, entrava a pregar uma negra por nome Ana, moradora na rua de Goiazes, administrada de Manoel da Costa Maciel, dizendo que era santa e chamava as outras pretas para irem à tal casa verem o santo da sua terra; e, se não fossem, que o santo da sua terra as havia de castigar. E o tal santo era [ilegível] um boneco que se acha em juízo, o qual lhe apanharam os capitães do mato. E na mesma ocasião da dança saía uma preta que ela testemunha já declarou, chamada Josefa Maria, e entrava a dançar e dizia que era Deus que tinha feito o céu e a terra e águas e pedras e tudo o que havia no mundo tinha criado.

E depois disto teve ela testemunha notícia que estas mesmas mudaram de casa e vieram para outra junto do dito arraial e aí foram achadas e presas pelos capitães do mato. O que tudo sabe ela testemunha pelo ver e presenciar e mais não disse do dito sumário que tudo lhe foi lido e declarado pelo reverendo doutor vigário-geral; e por não saber ler nem escrever assinou o dito senhor com o nome inteiro e eu o padre Manoel Pereira Franco, escrivão o escrevi. Antônio Mendes de Santiago.

DITO 2.º

Benta Teodora de Jesus, preta forra, assistente nestas minas de Paracatu, natural da Costa da Mina, de idade de quarenta anos pouco mais ou menos [...].

E perguntada ela testemunha pelo conteúdo no sumário retro disse que sabe que indo em certa ocasião às cabeceiras do Corgo dos Macacos, distrito deste arraial, onde estava uma casa, e tinha ela testemunha ouvido dizer que vários negros e negras forros iam à dita casa todos os dias de sábado fazer suas danças, a qual casa era de uma preta forra por nome Josefa Maria. E junto à dita casa tinha mais Josefa Maria e outra dita imediata à sua, esta servia para os festejos, e dentro tinha um altar armado com sua banqueta e esta estava guarnecida com uns moringues de barro cheios de água e dentro deles seus sapos e outros ingredientes mais, e entre os ditos [moringues] estavam umas cuias de cabaço pequenas com as bocas para baixo e diante do dito altar estava posta no chão uma frigideira cheia de água com um búzio dentro e um molho de capim amarrado à imitação de um hissope e o altar que guarnecia. E o frontal que guarnecia este altar era um pedaço de panículo com um recortado por cima, este todo pintado com sangue, mas não sabe ela testemunha de que animal seria. E atrás do dito frontal estava outro pedaço de panículo com a mesma pintura com seus recortados amarrados em dois paus fincados no chão com uma gaita junto a ele amarrada com uma fita encarnada e detrás deste seguia-se estar uma panela pintada também de sangue e dentro dela dinheiro da Costa da Mina e mais vários instrumentos de ferro; uns que serviam de [s]ino e outros de seus folguedos.

E quando ela testemunha chegara já estavam dançando vários negros e negras. [De] Dentro da dita casa saíra uma Josefa Maria preta [forra] e outra por nome Caetana nação Courá, administrada de Manoel da Costa Maciel morador na rua de Goiazes, e outra Rosa Calunda nação Courá, a qual andava com licença de seu senhor cujo nome não sabe, esta anda tirando esmola para se forrar e sabe que a dita negra é moradora no Serro do Frio e outra por nome Ana Courá forra, a qual é moradora na rua do Tejuco, digo, moradora no arraial do Ruivo, distrito destas minas, e outra por nome Inácia forra nação Mina moradora na chapada dos Tavares; e outra por nome Teodósia, nação Courá, escrava de João de Souza Brito, a qual se achava presa; e todas estas entravam a dançar com a dita Josefa Maria e Teodora [sic], escrava do dito, e se suspendiam no ar na mesma ocasião da dança e ambas pregavam dizendo que fizeram o céu e a terra, águas, pedras, e criaram todas as coisas. O mesmo fazia outra negra que se acha presa, moradora na chapada do Espírito Santo, e era casada, mas que ela testemunha não sabia o nome, e dizia que era afilhada de santo Antônio e de Nossa Senhora do Rosário e que o dito santo a batizara e mandara para esta terra e que já há muito tempo era sua.

E outrossim a dita Josefa Maria era o padre daquela igreja ou casa dos folguedos e era a que administrava todas as cerimônias e mestra que ensinava as mais; e todas lhe obedeciam. [Ao] se acabarem os seus folguedos se metiam por outras casinhas que por ali estavam, mas que ela testemunha não sabe o que lá faziam. Só sim ouvira dizer a outras na mesma ocasião que iam fazer adivinhações e depois vinha uma negra, que atrás fica dita, por nome Caetana, explicar o que lá dentro se consultava, mas que ela testemunha não entendia. E também o mestre da dança era um negro courá escravo de uma negra por nome Sebastiana forra, moradora na chapada dos Tavares, o que tudo sabe pelo ver e mais não disse [...].

DITO 3.º

José de Faria, homem branco que vive do ofício de minerar, assistente no Corgo Seco, subúrbios deste arraial, natural da freguesia da Torre de [Dona Chama], bispado de Miranda, de idade de quarenta e nove anos, pouco mais ou menos [...].

E perguntado ele testemunha pelo conteúdo no sumário retro disse que, sendo morador nas vizinhanças deste arraial, por advertência que lhe fez o sargento-mor João de Oliveira

Maia que por serviço de Deus especulasse saber ele testemunha que ajuntamentos de negros e negras cativos e forros se metiam para uma casa que ficava vizinha dele testemunha, porque ouvia dizer que nela se faziam umas danças e várias práticas que encontravam a nossa santa fé católica. Advertido ele testemunha do referido pelo dito sargento-mor, entrou a fazer obrigação o melhor que pôde averiguar quem entrava e saía na dita casa. E com efeito viu ele testemunha correr grande número de negros e negras para a dita casa nos dias de sábado e de todas as vizinhanças do distrito deste arraial vinham os ditos negros e negras, mas ele testemunha nunca, por mais diligência que fez, pôde chegar a ver com individuação o que eles faziam na dita casa. Só sim, indo ele vigiar oculto dentro em um rego por não ser [pressentido], viu ele testemunha andarem dançando uns [moleques] fazendo cinquenta mil cabriolas com vários trejeitos do corpo; de sorte que se suspendiam nos ares. E as negras, na mesma forma e outras passeando, vendo a dita dança; e outrossim ouviu algumas práticas que elas faziam, mas como não lhe entendia coisa alguma, digo, não entendia a sua língua, não sabia ele testemunha as palavras que proferiam. Aquela casa é de uma preta forra por nome Josefa nação Courá, onde [se faz], e que era público e notório que elas adoravam um boneco que lá tinham na dita casa que era o seu Deus e mais não disse [...].

DITO 4.º

João Nogueira Braga, homem branco que vive de seu ofício de minerar, assistente nas vizinhanças a este arraial e natural da freguesia de Santa Maria de Lamas, arcebispado de Braga, de idade de quarenta e sete anos, pouco mais ou menos [...].

E, perguntado ele testemunha pelo conteúdo no sumário retro, disse que sabe pelo ver que, sendo morador nos subúrbios deste arraial pouca distância donde ele testemunha é morador, assiste uma preta forra por nome Josefa crioula, esta tem uma casa junto às em que mora; nas noites de sábado se ajuntam vários negros e negras forras e cativos concorrendo de várias partes das vizinhanças deste arraial. Na dita casa fazem suas danças e práticas; e ouvia ele testemunha dizer que encontravam a nossa santa fé e que adoravam um boneco que, dizem, era o santo da sua terra; e que havia bastante tempo que continuavam naquele exercício, mas que havia poucos dias se tinham mudado para casa junto do dito arraial, mas que ele testemunha não conhecia nenhuma das ditas negras mais que a dona da dita casa. Que um seu vizinho José de Faria fora uma vez vigiar o que lá se fazia, por não poder lá chegar por andarem muitos negros e negras ao redor da casa, só sim vira andar dançando uns moleques ao som de um tambor ou tabaque, fazendo suas macaquices e suspenderem nos ares, o que sabe ele testemunha pelo ouvir dizer e ser público naquelas vizinhanças e mais não disse [...].

DITO 5.º

Teresa Rodrigues, preta forra, casada, que vive de seu negócio, assistente no arraial de São Domingos, natural da Costa da Mina, idade de quarenta anos pouco mais ou menos [...].

E, perguntada ela testemunha pelo conteúdo no sumário retro, disse que sabe pelo ver que em um sábado pelas três horas da tarde pouco mais ou menos, indo passando pela porta de uma negra por nome Rosa nação Courá, moradora no arraial de São Domingos, ouvira ela testemunha estarem dentro da dita casa folgando uns negros e negras forros e cativos. E por curiosa chegara à porta e vira estar no meio da casa uma mesa que servia de altar, coberta com um panículo branco, onde estava um boneco feito de barro à imitação de uma imagem. E já ao tempo que chegou andavam dançando negros e negras ao som de um tabaque fazendo todas [as] suas macaquices e trejeitos com a boca e corpo e, antes de findar[em] as danças, foi uma negra, das que andavam dançando, à cozinha buscar uma panela e dentro estava um pouco de feijão cozido com toucinho e galinha e o deu a comer ao boneco que estava em cima da mesa, mas ela testemunha não viu se o dito boneço comia, porque os negros e negras se puseram adiante e tapavam a vista quando faziam oferecimento ao boneco para comer.

E depois desta cerimônia tornavam a dançar; e pela sua língua faziam suas práticas que ela testemunha não entendia; depois de ver ela testemunha estas coisas fora seguindo seu caminho e não sabe o remate com que findaram o tal folguedo. E só conheceu, das que andavam folgando, uma preta Courá por nome Ana, administrada de Manoel da Costa Maciel, morador na rua de Goiazes. O que tudo sabe ela testemunha pelo ver e mais não disse do conteúdo no sumário retro que tudo lhe foi lido e declarado pelo reverendo doutor vigário-geral e por não saber ler nem escrever assinou com o nome inteiro e eu o padre Manoel Pereira Franco, escrivão o escrevi. Antônio Mendes [de] Santiago.

DITO 6.º

Francisca de Matos, preta forra, assistente no arraial, natural da Costa da Mina, de idade de quarenta anos pouco mais ou menos [...].

E perguntada ela testemunha pelo conteúdo no sumário retro disse que sabe que, estando em sua casa, lhe entraram uns negros e uma, digo, uns negros pela porta [adentro] a comprar na sua venda e lhe disseram que havia uma casa no Corgo Rico, digo, no Corgo dos Macacos, vizinho deste arraial, e que nela estava o Deus da sua terra; estava fazendo milagres; que muitos pretos e pretas lá iam adorá-lo e que ela testemunha lhe perguntara que feitio tinha o seu Deus; lhe responderam que era um boneco e dizendo-lhes ela testemunha que não cressem em semelhante [visão], lhe quiseram os ditos negros dar muita pancada, como foi público e notório entre a sua vizinhança. Mas ela testemunha não sabe se eram forros ou cativos os ditos negros, e outrossim sabe por lhe dizer uma preta Teresa Courá, escrava de um João Rodrigues, que ela também ia à dita casa adorar o seu Deus; que muitos negros e negras lá iam, por que razão ela testemunha também lá não ia; lhe respondera advertindo que não fosse lá mais nem cresse nas [visões] de seus parentes.

E logo no dia seguinte viera à casa dela testemunha uma preta forra por nome Josefa Maria, que era dona da casa atrás declarada onde estava o tal Deus da sua terra, a tomar-lhe uma satisfação e lhe dissera que aquela noite tinha adivinhado o seu Deus que ela testemunha repreendia os negros e negras para que não fossem a ver o seu Deus e os milagres que fazia. E outrossim lhe perguntara ela testemunha donde tinha vindo o seu Deus; lhe respondera a dita Josefa Maria que tinha vindo da Terra de Courá, e que já vinha batizado por Nossa Senhora do Rosário e santo Antônio; que vinha fazer milagres nesta terra de Paracatu. E vendo a dita Josefa Maria que ela testemunha não queria acreditar o que ela lhe dissera, se fora embora e ficara sendo sua inimiga.

E outrossim sabe pelo ouvir dizer a outras negras que ela andara tirando satisfações aos que lá não queriam ir à sua casa ver o Deus da Costa de Courá, que fazia os milagres, e que algumas foram como foi uma por nome Inácia forra, moradora na chapada dos Tavares; que o Deus que estava na dita casa que os negros e negras adoravam era uma negra e que esta era a que representava a figura do seu Deus e todos ajoelhavam ao pé dela e quem ia adorá-lo levava galinha e outras coisas mais. E estando ela testemunha à sua porta, na mesma ocasião, estando aí um negro por alcunha o [Maquinhas], escravo do coronel José Velho Barreto do Rego, passava nesse tempo uma negra alta magra que ela testemunha não conhecia, lhe dissera o dito negro que ali ia e era a que estava na casa onde se faziam feitiçarias e que ela era a que fazia figura de Deus da sua terra. É o que sabe ela testemunha pelo ouvir dizer e ter o mais presenciado como dito tem e mais não disse [...].

DITO 7.º

Josefa de Souza, preta forra natural da Costa da Mina, assistente neste arraial, de idade de quarenta anos pouco mais ou menos [...].

E perguntada ela testemunha pelo conteúdo no sumário retro disse que sabe pelo ver que, indo procurar uma sua escrava que trazia fugida, chegando às cabeceiras do Corgo dos Macacos que deságua no Corgo Rico, distante deste arraial três quartos de légua pouco mais ou menos, aí achara vários negros e negras forras e cativos folgando em uma casa de uma preta forra por nome Josefa Maria, criada em Pernambuco, e estes dançavam ao som de uns tabaques uma dança chamada acotundá. E depois de acabarem de dançar subia a dita Josefa Maria à cumeeira da casa e se despencava dela abaixo, fazendo pelo ar suas macaquices e trejeitos com todo o corpo e, depois de alcançar o chão, pegavam nela alguns negros e negras e a levavam para dentro da casa que tinha separada que servia de nela fazerem suas superstições.

E depois de a levarem para dentro tornava a sair a dita Josefa Maria embrulhada em umas chitas e se punha a dançar e a gritar e pegando na mão de um preto e de uma preta que ela testemunha não conhecia os ajuntou e lhes fez uma cerimônia como quem casava e lhes disse que ficavam casados e para confirmar a dita cerimônia lhe tirou da [cabeça] um grão de ouro e lho deu que o guardasse, que era o sinal que o seu Deus dava aos que se casavam. É o que sabe ela testemunha pelo ver e presenciar.

E outrossim na mesma ocasião viu ela testemunha sair de dentro da dita casa uma negra por nome Jacinta de nação

[Janu?], escrava de João Ribeiro Marinho; e, depois de sair, entrara a pregar dizendo que ela tinha parido todos os santos que havia no mundo, e que era mãe de todos; e que nesta mesma ocasião vira esta mesma uma preta por nome Rosa Pinheira, que se achava presente, e outrossim saíra outra negra por nome Ana de nação Courá, administrada de Manoel da Costa Maciel, esta principiou a dizer em voz alta e inteligível que havia de fazer uma adivinhação que lhe mandava fazer o seu Deus, já que algumas negras e negros não queriam acreditar que ela não fazia milagres. E depois de proferir estas palavras tirara uma folha que tinha e trazia, esfregando na mão nascia ouro, o que ela testemunha viu, mas que não sabe se ela trazia já o dito ouro na mão ou se era por arte diabólica cuja folha lhe ia buscar um negro por nome Antônio forro nação Courá. E este dito também fazia uma água e com ela aspergia a todos dizendo que era água benta.

Depois de feita esta cerimônia, saía outra negra por nome Caetana pregando, dizendo que era filha de Nossa Senhora do Rosário e seu padrinho era santo Antônio; e que atrás dele viera a esta terra. Na mesma ocasião viera um preto forro por nome Guilherme, este viera a oferecer ao seu Deus duas galinhas e dois galos, é o que fazia os instrumentos para dançarem, o qual é morador no Corgo Rico, digo, morador no arraial do Ruivo, distrito destas minas. E outra preta por nome Rosa, administrada de Manoel da Costa Maciel, também era das que se suspendiam no ar andando dançando e outra por nome Teresa Courá, escrava de Antônio Antunes, carapina, moradora neste arraial, [também] era das que [se] suspendiam no ar na ocasião da dança.

E outrossim no arraial de São Domingos estava outra casa de uma preta forra por nome Teresa, nação Courá, que também em sua casa se fazia folguedo e se festejava o Deus da sua terra; e outrossim declarou mais que na dita casa atrás declarada, onde se festejava e adorava ao Deus da sua terra, em certa ocasião fora lá também um negro forro por nome José Bahia e diante do seu Deus prometera casar com uma preta cujo nome não sabe ela testemunha, cujo casamento ajustara fazer a dita Josefa Maria, que era o padre que os havia de receber na dita casa. Outrossim um negro por nome Manoel Barbeiro, escravo de Henrique José Penha, era dos que ia ao folguedo e se suspendia no ar. Em uma ocasião levou uma cruz de ouro que pesava três oitavas que deu à dita Josefa Maria e uma garrafa de azeite [destilado] que servia de tirar calundus, a qual cruz e garrafa e azeite e outras coisas mais mandava pelo dito negro barbeiro uma negra forra por nome Sebastiana nação Angola, assistente na chapada dos Tavares. E na mesma chapada mora outra preta por nome Inácia, que foi escrava de André de Araújo Regalo, também foi à dita casa dançar. O que tudo sabe ela testemunha pelo ver e presenciar. Outrossim declarou mais ver lá dançar uma negra por nome

Teresa, escrava de João Rodrigues, e outra por nome Jacinta, escrava de João Ribeiro Marinho, morador na chapada do Espírito Santo, esta dita Jacinta também dizia que era Deus e criara todas as coisas e suspendia-se no ar quando dançava, o que tudo sabe ela testemunha pelo ver e presenciar e mais não disse [...].

DITO 8.º

Antônio da Silva Antunes, homem branco, oficial de ourives, assistente neste arraial, natural da cidade de Lisboa, de idade de quarenta e seis anos pouco mais ou menos [...].

E perguntado ele testemunha pelo conteúdo no sumário retro disse que sabe pelo ver que na sua rua e no fim dela estava uma casa coberta de capim e que em certo dia à noite estando ele testemunha em sua casa ouvira uma gritaria e, saindo fora a ver, vira ir correndo umas negras e negros que estavam na dita casa na ocasião que os capitães do mato os foram prender por se dizer que elas [sic] naquela casa faziam suas feitiçarias e folguedos; e só conhecera uma das que fugiram, que era uma chamada Brizida, escrava de Miguel Alves morador no fim da rua de Goiazes e outra por nome Josefa Courá forra e outra, digo, forra; e também ouvira dizer a várias pessoas que se não lembra que um preto forro por nome José Bahia sempre ia à dita casa junto com uma preta por nome Benta forra nação Courá, morador na rua do Rosário e que este sempre andava na ocasião dos folguedos pelas ditas casas metido com as negras e acompanhando-as em todas as funções das suas diabólicas danças que faziam, o que sabe pelo ouvir dizer a uma preta forra por nome Josefa e outras mais que não lembra [...].

DITO 9.º

Ana Gonçalves, preta forra assistente neste arraial, natural da Costa da Mina, de idade de cinquenta anos pouco mais ou menos [...].

E perguntada ela testemunha pelo conteúdo no sumário retro disse que sabe pelo ver que nas cabeceiras do Corgo Rico, digo, do Corgo dos Macacos havia uma casa em que nela faziam os negros e negras forros suas superstições e nelas criam e davam consentimento; nela tinham um boneco a quem adoravam por seu Deus; a qual casa era de uma Josefa Maria, preta forra, e de Caetano Martins Pereira, preto forro, e tendo ela testemunha uma negra doente de lepra lhe fizera a dita Josefa Maria e o dito Caetano Martins que eles lhe curariam a sua negra se lhe desse trinta oitavas de ouro e lhe diziam os ditos que eram santos que faziam milagres; o que com efeito se ajustaram com eles a pagar-lhes as trinta oitavas de ouro de que lhe [pôs o] crédito e lhe mandara a dita negra para sua casa. E que indo ela testemunha algumas vezes à casa dos ditos ver sua escrava achara nela muitos negros e negras forros e cativos principalmente nos dias de sábado que iam dançar e folgar os seus festejos e fazer suas adivinhações diante do seu Deus, que era uma negra que ela testemunha não conheceu e só conhecera uma negra por nome Teresa, escrava de Antônio Antunes, que hoje é forra e outra por nome Inácia, moradora na chapada dos Tavares, escrava que foi de um homem chamado Rogado por alcunha, digo, o Regalo por sobrenome e um preto forro por nome José Bahia e outro por nome Guilherme, forro morador no arraial chamado de Padre Ruivo, distrito destas minas.

E na ocasião que ela testemunha lá foi as vira levar suas ofertas ao seu Deus, como eram galinhas e ornato para a casa donde se adorava ao mesmo Deus da sua terra. E outrossim também conhecera e ouvira andar dançando a uma negra por nome Leonor forra, moradora na rua de Goiazes, que há pouco tempo se esteve curando de feitiços, o que tudo sabe ela testemunha pelo ver e presenciar e mais não disse [...]

[DECLARAÇÃO]

Aos sete dias do mês de novembro de mil setecentos e quarenta e sete anos nestas minas do Paracatu, comarca do Manga, em casas de morada de mim escrivão [que vai] ao diante nomeado e sendo aí fiz estes autos conclusos ao reverendo doutor vigário-geral para deferir a eles [conferir] [duas palavras ilegíveis] de que tudo fiz este termo. Eu o padre Manoel Pereira Franco, escrivão o escrevi.

[CABEÇALHO ILEGÍVEL]

O escrivão deste juízo trasladei os autos deste sumário para se remeter o traslado ao Tribunal do Santo Ofício da Inquisição de Lisboa, ficando os próprios no cartório// Mendes.

[DO DITO]

E logo no mesmo dia, mês e ano acima declarado, em casas de morada do reverendo doutor vigário-geral, me foram dados estes autos com o seu despacho supra e mandou se cumprisse aguardando-se como nele se contém e declara; de que tudo fiz este termo. Eu o padre Manoel Pereira Franco, escrivão o escrevi.

E não se continha mais no dito sumário que em virtude do dito despacho supra aqui trasladei do próprio a que me reporto que me fica em meu poder e cartório, o que afirmo em fé de meu ofício. Minas de Paracatu, vinte e um de janeiro de mil setecentos e quarenta e oito anos. Eu o padre Manoel Pereira Franco, escrivão do Auditório Eclesiástico que o escrevi e assinei.

Manoel Pereira Franco
Conferido e consertado por mim escrivão

Manoel Pereira Franco
Conferi [ilegível]
Antônio José Monteiro

Denúncia contra Ângela Maria Gomes, courana, 1760[1]

Ilustríssimo Reverendíssimo Senhor Doutor Provisor e
Comissário do Santo Ofício
Inácio Correia de Sá

Ângela Maria Gomes — feiticeira

Pela obrigação que tenho como pároco e execução que devo dar aos editais do Santo Ofício, denuncio, ao dito Santo Tribunal e a Vossa Mercê, Ângela Maria Gomes, preta forra, padeira, de nação Courá. E como é público, notório e constante que a dita é feiticeira, tanto assim que, estando eu nesta freguesia há sete para oito anos, sempre foi fama pública e constante. Porém como não costumo travar de cor em muito de tanto [que há], todos estes [ilegível] me têm sido necessários para indagar a realidade do caso. Esta mulher é minha vizinha contígua, de quem me têm feito várias queixas afirmando ser certo o que acima digo.

E um dia veio à minha casa meu freguês Miguel Afonso Peixoto dizendo viva a fé de Jesus Cristo. E lhe respondi se havia algum herege nesta freguesia e me disse que a dita Ângela era feiticeira; e que tinha feito muitos danos nesta freguesia por meio de malefícios e que a mandasse chamar e a repreendesse asperamente. O que assim executei e me respondeu, que não era. Porém que se lhe sucedesse mal, que eu lho havia de pagar. Há cinco anos tenho feito observação no modo de viver desta mulher e acho que todas as noites das terças e sextas-feiras, de cada semana, depois da meia-noite, na casa da dita ouço uns calundus do inferno, estranhos [e] horrendos, que muitas vezes fazem tremer as casas em que vivo. E, em uma noite de julho do ano de cinquenta e nove, fez tais diabruras, que me privou do sono daquela noite, de que [redundou] mandá-la chamar. E [eu] lhe disse [que] era feiticeira, que eu tinha ouvido tudo e me respondeu quem ouviu? E lhe disse, que eu. [Ao que] replicou se ouviu mais alguém. Aqui me [calei], e ela disse: e o meu crédito? Lhe respondi, que nada valia e que se emendasse, porém é [sabido].

Porque sempre continuam na sua diabrura, e nunca cessaram as queixas contra ela. Em uma quarta-feira de novembro de cinquenta e nove, as mesmas horas acima ditas, estando eu gravemente enfermo de cama se achavam em minha casa o licenciado Manuel Dias Farinha e sua mulher Quitéria Maria da Silveira, meus compadres, que me vieram assistir. Pelas mesmas horas acima ditas, principiou a dita Ângela Maria Gomes as danças com os demônios e fez coisas tão horrendas, que me foi necessário chamar aos ditos para ouvirem e com efeito vieram, e ouviram. E o dito Manuel Dias pegou em um ferro, que tinha no meu quarto, e saiu pela porta do meu quintal, quis saltar o muro que divide o meu quintal e o da dita negra, porém assim que chegou ao muro, logo se calou.

E a dita minha comadre em outra noite do mês de dezembro, ouviu dois tiros na casa da dita, os quais eu também ouvi, que pareciam peças de artilharia. E noutra noite do mesmo mês, ouvi, e a dita, outro tiro de peça de artilharia na casa da dita. E na noite [de] quatorze, do dito mês de dezembro, pelas mesmas horas, foram tão horrendas as algazarras e estrondos na dita casa, que me levantei da cama, e fui para uma varanda fronteira, que tenho, às casas da dita Ângela. E dela ouvi na casa da dita roncos de porcos medonhos, cavalos rinchando e vários instrumentos do inferno e danças tremendas. E no fim gritarias de galinhas, que pareciam os mesmos demônios e em minha casa se achava João Leite da Cata Branca, o dito licenciado Manuel Dias Farinha e sua mulher. Que todos viram e presenciaram o desassossego. E o dito Leite ouviu em dois dias de janeiro, deste presente ano de mil setecentos e sessenta, pelas mesmas horas, na dita casa, ouviu tocar umas trombetas, com um som tão horrendo, e [ilegível] que pareciam trombetas do inferno. E um tiro de peça de artilharia e outras danças e instrumentos medonhos. E finalmente é fama pública e constante, que a dita Ângela fez malefícios a João Alves Penteado, de que esteve para morrer. E repreendendo eu a dita Ângela, foi dizer [n]a casa de Manuel Dias Farinha, acima dito, a sua mulher, que se lhe sucedesse mal, algum havia de sentir. Também é público e constante, que a dita deu malefícios a Antônio da Silva Leça, morador neste arraial, e outras pessoas a que tudo afirmo sendo necessário *in verbo parochi* [*em palavras de pároco*]: Itabira três de janeiro de mil setecentos e sessenta.

De Vossa Mercê
[Indigno] e reverente súdito

Testemunhas
O vigário Manuel Ribciro Soares
João Leite Gomes
Manuel Afonso da Rocha
O vigário Manuel Ribeiro Soares [assinatura]
Manuel Dias Farinha
Quitéria Maria da Silveira
João Alves Penteado

Em certa ocasião, repreendendo eu a dita Ângela de feiticeira, me disse o não era, e que se lhe sucedesse mal, que eu lho havia de pagar.

Soares [assinatura]

FREGUESIA DE NOSSA SENHORA DA BOA VIAGEM DA ITABIRA COMARCA DE VILA RICA DE NOSSA SENHORA DO PILAR DO OURO (PRETO), VINTE E UM DE MAIO DE MIL SETECENTOS E SESSENTA

Antônio José Pimenta, morador neste arraial da Itabira, me disse para que eu denunciasse à Santa Inquisição: que Antônio José, filho de Teresa Álvares Pereira, parda, moradora neste arraial, lhe dissera que vira Ângela Maria Gomes, preta forra, junta com Águeda Maria do Rosário, crioula forra, e mais Antônia mina, escrava de Antônio de Oliveira Neto, na[s] luas brancas de madrugada; andar à roda de uma árvore chamada gameleira e que lhe pediram segredo. E que por ele falar depois o ameaçam; todos são moradores neste arraial da Itabira.

Um negro João, que foi da defunta Valéria Gonçalves, me disse que também as vira, mas nega, que as não conheceu. E diz as ditas se queixaram também dele, e por passar tudo na verdade assim como se me disse o denuncio ao ilustríssimo reverendíssimo padre doutor Inácio Correia de Sá, comissário do Santo Ofício, dia era acima.

Miguel Afonso Peixoto [assinatura]

FREGUESIA DE NOSSA SENHORA DA BOA VIAGEM DA ITABIRA DA COMARCA DE VILA RICA DE NOSSA SENHORA DO PILAR DO OURO PRETO, DEZ DE MARÇO DE MIL SETECENTOS E SESSENTA

Denuncio ao senhor doutor Inácio Correia de Sá, comissário do Santo Ofício, o seguinte que me parece ser contra os mistérios da nossa santa fé.

Manuel Afonso da Rocha e João Dias Rios, familiar do Santo Ofício, me disseram que Manuel Rodrigues Capoto, morador nesta freguesia, e mais os dois referidos; que Manuel Rodrigues Capoto encontrara Ângela Maria Gomes, de nação courana e forra, e outras mais no adro da igreja desta freguesia a desenterrar um defunto. E que pediram ao dito Capoto que não dissesse nada e que lhe mandaram suas coisas para que ele não falasse. Ouvi mais ao dito Rocha que ela dita Ângela Maria Gomes era a mestra das feiticeiras e que Custódia da Fonseca, preta forra e mina, era também refinada e camarada da dita Gomes. E Andreza mina, preta quartada[2] que é de Bárbara da Costa Neves, é outra feiticeira e esta se gaba que tem morto [sic] quatro, em que entra Belchior Pires. O dito Manuel Afonso da Rocha me disse que esta Andreza ameaçara um negro do padre Sebastião Rodrigues de Carvalho. Que lhe havia de mandar um cachorro e que com efeito logo o negro, nesse dia à noite, lhe deu uma grande dor. E com muitos remédios a nada obedeceu e somente os que depois se lhe deram na mesma noite e logo botou um esporão, o qual Manuel Dias Farinha lho viu botar, que se achava presente. E diz foi com remédios contra malefícios. Disse-me mais o dito Rocha que a Custódia de Figueiredo, declarada acima, matara o padre Manuel de Gouveia Coutinho por lhe dar umas pancadas; e mais o senhor dela também, por razões que tiveram, que nem na sua morte o visitou. E Antônio da Silva Leça [leito] a que padece [e] se queixa dela, cujo é morador neste arraial; o dito Rocha me disse que a dita Custódia de Figueiredo matara a mulher de José de Barcelos, por o marido ter tratos ilícitos com ela. O dito Manuel da Rocha me disse que um filho de João Gonçalves [Courá] [a] vira uma noite, diante da porta da igreja, [a] andar dançando bastante com um bode no meio. E também me disse o dito Rocha, que foram vistas subir por uma gameleira, que está à porta do defunto Antônio da Costa Ribeiro, e descer com a cabeça para baixo.

O dito João Dias Rios acima me disse que várias vezes as têm topado de noite neste arraial e que algumas vezes estivera bem perto delas e [me parece] disse que conhecera algumas.

Manuel Rodrigues de Carvalho me disse que ouvira dizer que foram [topadas] no arraial a dançar de noite.

O dito Manuel Afonso da Rocha, acima declarado, me disse que o reverendo vigário Manuel Ribeiro Soares, desta freguesia, lhe dissera que ouvia em casa da dita Ângela Maria Gomes, acima declarada umas coisas horrendas de noite: como são um [cavalo] [ilegível] assoprar sem que haja cômodo para ele; e a bater com as mãos como eles costumam e mais batuques. E que no mesmo tempo saíam uns porcos pela porta [a]fora com muitos como morcegos em cima desses. Carlos Antônio de Faria e Abreu me disse que o dito reverendo vigário lhe dissera que uma noite se levantara da cama e mais três hóspedes que tinha em casa por causa de uma nuvem de piolhos-de-galinha que lhe deram nas camas. Sem que ali houvesse galinhas nem seja paragem delas e, que estando todos na varanda do dito vigário, ouviram na casa da dita Ângela Maria Gomes uns instrumentos que pareciam do inferno.

Carlos Ferreira de Souza me disse que havia muitas feiticeiras neste arraial como é uma Helena de Carvalhosa São Tomé e preta forra e as mais eu me não lembro, como ele as repetira. E as mais de que eu tenho notícia são Águeda Maria do Rosário, crioula forra; a mãe dela, Rita Francisca mina; Quitéria crioula forra, viúva que ficou do defunto José Loureiro; e sua mãe Luísa, cabo-verde, forra que foi escrava de Manuel Ferreira Chaves; Maria Angola forra, chama-se Maria do Rosário; como o dito Rocha acima me diz há muitas, ele as poderá nomear a todas. [Já me disse] o dito Carlos Ferreira de Souza que o reverendo vigário lhe dissera, que a dita Ângela Maria Gomes, acima declarada, era fina feiticeira, pelas coisas horrendas que ouvia de noite em sua casa.

E por a minha letra ser ruim de ler, pedi a Miguel Afonso Peixoto, familiar do Santo Ofício, que esta me escrevesse e eu assinei *era ut supra* [conforme data indicada acima].

Declaro que todas estas mulheres são moradoras neste arraial e somente a Luísa Cabo Verde mora no Paraopeba; e os homens com quem aponto moradores nesta freguesia. Declaro mais que um negro de Carlos Antônio de Faria e Abreu, por nome Manoel mina, me matou dois negros com malefícios e vendeu a João Rodrigues Neves, morador no Rio das Pedras [da] comarca da Vila do Sabará, para casar com uma preta forra, que foi sua, por nome Teresa de nação courana. Manuel Antônio de Bastos me disse que um negro João mina, escravo de Margarida Gonçalves Ramos, preta forra, era feiticeiro [e] que matara um negro a Pedro de Souza, morador aqui nos Penteados. E o dito Rocha também mo disse; e Manuel Afonso da Rocha me disse que [Tomás] mina escravo de Nicolau Nogueira era um grande feiticeiro.

Antônio da Silva Leça [rubrica]

FREGUESIA DE NOSSA SENHORA DA BOA VIAGEM DA ITABIRA, COMARCA DE VILA RICA DE NOSSA SENHORA DO PILAR DO OURO PRETO, DEZESSEIS DE MARÇO DE MIL SETECENTOS E SESSENTA

Denúncia ao senhor doutor Inácio Correia de Sá [feita por] Manuel Afonso da Rocha para o dito senhor dar parte à Santa Inquisição o seguinte

Disse-me Manuel Rodrigues Capoto que no adro da igreja desta freguesia achara Ângela Maria Gomes de nação Mina e courana, forra, junto com Custódia da Fonseca de Figueiredo, preta mina forra, desenterrando um defunto. E [quanto] ao tempo não estava certo e que estas lhe pediram que não dissesse nada, de que diz lhe deram seus mimos. Também Domingos de Barros Coelho, oficial de carapina, me disse que a dita Ângela Maria Gomes rezava com o rabo para o ar; e o dito Barros me disse que a dita Ângela vendera uma sua negra, por ela saber de umas coisas que a dita senhora Gomes tinha na caixa. E também me disse o dito Barros que um sujeito que ele declarara as tinha topado defronte da porta da igreja dançando junto com um bode, não somente as duas, mas muitas mais; que são as de que tenho notícia as seguintes:

Águeda Maria do Rosário, crioula forra; Antônia mina, escrava de Antônio de Oliveira Neto; todos os acima nomeados moram neste arraial da Itabira; Luísa Cabo Verde, moradora no Paraopeba, escrava que foi de Manuel Rodrigues da Costa, é forra. Maria do Rosário forra e Angola, moradora neste arraial, escrava que foi de José de Freitas Sardinha. E esta disse a Josefa de Souza, preta forra, que se falasse nela que havia de buscar um homem para seu padrinho. Rita Francisca mina e courana forra; Helena Carvalhosa, são tomé e forra; Ana Maria mulata escrava de d. Catarina Freire de Andrade; Teresa Gomes, mulata forra, escrava que foi de José Gomes [o Calunda].

João Dias Rios, familiar do Santo Ofício, tem andado a vigiar de noite e diz tem estado bem perto delas e que conhece muitas. O dito Rios e Manuel Antônio de Bastos me disse que um negro João mina sabaru era um feiticeiro, cujo é escravo de Margarida Gonçalves Ramos, preta forra; um negro escravo de Nicolau Nogueira de Abreu por nome Tomás mina e outro José courá. É público serem feiticeiros, em que se diz ter muito[s] negros mortos do senhor. Andreza, mina sabaru quartada, que está em poder de Bárbara da Costa Neves, quase liberta, se gaba ter morto [sic] quatro em que entra Belchior Pires, junto com Custódia da Fonseca, acima declarada. E mais ao padre Manuel de Gouveia e o dito por este dar umas pancadas na dita Custódia.

Agostinho, mina, escravo do sargento-mor Silvestre Fernandes dos Reis, disse que havia de deixar Miguel Afonso Peixoto com um saquinho na mão e que a última coisa havia de ser o seu cavalo. E com efeito lhe morreram quatro negros em uma semana e o seu cavalo escapou estando já para morrer com umas ajudas de umas raízes adequadas aos malefícios. E José, mina e courano, escravo do dito sargento-mor, disse a Miguel Afonso Peixoto, acima declarado, havendo uma grande mortandade de negros no córrego de Santa Rita, desta freguesia, repreendendo ele que era coisa [ilegível] Domingos Alves Velho. Dizia mais que se ele quisesse cinco negros e mais a sua negra haviam de ir para a [igreja], mas que ele mesmo não queria. E são públicos o serem feiticeiros e o senhor deles os não tem junto com os mais escravos seus [e] os traz por forro[s].

Um negro Manuel mina, escravo que foi de Carlos Antônio de Faria e Abreu, que o dito Abreu o vendeu a João Rodrigues Carneiro Neves, por [ser] feiticeiro, para o Rio das Pedras. E este diz matou quatro — ou cinco negros [de] Antônio da Silva Leça. Teresa Carneira courana, escrava que foi do mesmo João Rodrigues Neves, [é] pública feiticeira. Todos os mais, exceto estes aqui acima, são moradores nesta freguesia de Itabira.

A dita Andreza, acima declarada, que está em poder da dita Bárbara da Costa Neves, parda, tendo umas razões com um negro do reverendo padre Sebastião Rodrigues de Carvalho, lhe disse que lhe havia de mandar um cachorro [de fila].[3] E com efeito nesse dia à noite lhe deu uma tão grande dor, que com quantos remédios se lhe deram não havia mais esperanças, somente as da morte. E queixando-se o dito da dita negra, do que tinha [se] passado com ela, se lhe deram remédios para malefícios e logo botou um esporão e ficou são. Isto tudo me disse Manuel Dias Farinha, que se achou presente, e depois me disse o meu vigário Manuel Ribeiro Soares e fiz isto bem público. São moradores neste arraial desta Itabira. E por a minha letra se não ler bem, pedi a Miguel Afonso Peixoto que esta me escrevesse e eu assinei.

Manuel Afonso da Rocha [rubrica]

Senhor Miguel Afonso Peixoto

Debaixo do segredo e sigilo que professa de familiar do Santo Ofício, debaixo deste mesmo sigilo, descubra a Vossa Mercê para dar esta parte aos seus maiorais dentro do tempo de oito dias. E se o não fizer, eu o farei a outro qualquer familiar. Haverá perto de dois anos que aqui tive a mortandade de escravos que Vossa Mercê não ignora e me vinham o médico e cirurgião a vê-los e dos remédios de botica que lhe aplicavam era o mesmo que nada. E achando-me em uma noite no Marzagão, em casa de Antônio da Silva Leça, donde se achava também na dita casa Manuel Afonso da Rocha, e perguntando-me eles como ia eu com os meus doentes, respondi-lhe[s] o estado em que se achavam [e] que não tinham melhoras. Responderam-me [sic] Manuel Afonso da Rocha que esta freguesia estava perdida com feiticeiras. E perguntando-lhe[s] eu quem elas eram, me responderam os ditos que no arraial da Itabira havia muitas e que a mestra delas era a negra courana Ângela Maria Gomes, forra, com outra sua camarada Custódia de Figueiredo, preta forra. E esta tenho ouvido que ela matara o reverendo padre Manuel de Gouveia Coutinho e mais o licenciado João da Fonseca Figueiredo, que foi seu senhor.

E assim mais ouvi ao reverendo vigário Manuel Ribeiro Soares que Cipriana crioula, que não sei o sobrenome, e mais seu [genro] Miguel de Gouveia, que esta dita Custódia, todas as últimas sextas-feiras do ano, se ia pôr de cócoras detrás da sua casa. E desconfiando dela lá ir foram ao dito lugar e cavando deram com uma panela enterrada com mil porcarias e a dita panela me diz o dito reverendo vigário está na mão da dita Cipriana Pinta forra. E que havia quem os tinha visto de noite sobre aquelas gameleiras, que estão à porta do defunto Antônio da Costa Ribeiro, com as pernas para cima, mas não me disseram quem as [sic] tinha visto. E foi correndo o tempo e morreu Belchior Pires e depois de morto ouvi dizer que se lhe fizera o peito negro. E também ouvi dizer que a dita Ângela Maria Gomes lhe tinha dado veneno, mas quem mo disse não estou certo. E também João Alves Penteados sempre andava doente, como Vossa Mercê sabe, e depois que tomou uns purgos [sic] de uma raiz, que por aqui anda introduzida contra malefícios, me disse o dito Penteados, ficara bem e comia bem e que lograva o que comia, o que dantes não tinha e não se me declarou, mas entendi nele pelas razões que me disse se queixava da dita Ângela Maria Gomes, sendo que se não [a] declarou, mas foi pelo que entendi.

E de presente tem estado o nosso reverendo vigário Manuel Ribeiro Soares doente, os meses que Vossa Mercê sabe. E com assistência dos professores e tudo o mais que lhe era necessário e de nada lhe aproveitava como assim era, e só começou de se achar melhor depois que tomou e usou de algumas relíquias contra os ditos malefícios. E perguntando-lhe eu se ele desconfiava donde lhe tinha vindo aquela moléstia não ousava a descobrir-[mo], mas sempre me disse que por repreender e por querer meter as almas no caminho da salvação é que lhe tinha vindo aquela moléstia. E me declarou que na casa da dita Ângela Maria Gomes ouvia, certas noites da semana, tais alaridos e tais roncos e vozes, que só no inferno os poderia haver, principalmente nas terças-feiras e sextas-feiras [e] que da sua cama os ouvia, isto fora de horas pela noite morta. E diz ele que já há bastantes anos os tem ouvido. E que estando o licenciado Manuel Dias Farinha e sua mulher Quitéria Maria tratando dele na sua moléstia, que em uma noite foram tais as infernais vozes que lá ouviram, que o dito Farinha quisera ir matar a dita Ângela, se sua mulher e o dito reverendo vigário não [o] despersuadissem. E o dito Farinha me disse que parecia o inferno. E me disse o reverendo vigário que em uma noite até um cavalo lá estava assoprando, como eles costumam, e batendo com as mãos sem que na dita casa haja cômodo capaz para cavalo. E ele esteve da sua varanda ouvindo até o fim, e que no fim fora pelos ares umas poucas galinhas cacarejando e outras coisas, que ele diz não sabe dar o nome.

E estes dias atrás viera a sua casa visitá-lo Antônio Rodrigues Paiva e seu filho sacerdote e outros, que eu os vi em casa do reverendo vigário, que por nome não percam. E contando-lhe o reverendo vigário o que ouvia naquela casa, estes se puseram a observar de noite e que ouviram o mesmo e que ficaram admirados e, que estando os ditos na varanda do reverendo vigário de noite fazendo as tais espiar, saltara sobre eles uma tal camada de piolhos-de-galinha que serviram a nada. Sendo paragem donde não vai galinha nem morta nem viva nem ali está perto. E vendo eu o que ouvia destas coisas na noite do dia cinco deste mês de fevereiro, fui dormir [n]a casa do reverendo vigário e quis experimentar o que ouvia e fui para a dita varanda. E ouvi na cozinha, ou uma casa que tem para dentro no quintal também, tarde da noite, um tal instrumento que lhe não sei dar o nome, que me parecia quando os [ilegível] estão arcando com [as] outras vozes que as não entendia. E só aquele rumor de gente e também os piolhos-de-galinha ou outra coisa semelhante me [estalaram] pela cara. E em cima do telhado da casa vi um cachorro branco e, daí a pouco tempo, vieram dois cachorros, um vermelho e outro cinzento, foi para donde estava aquele instrumento de tocar.

E o vermelho foi para cima da casa e começou de passear por ela e com a mão arrumava as telhas e olhava para dentro, e o via por estar a lua muito clara. E daí saltou abaixo e foi pela rua acima e o cinzento o não vi mais. E ao mesmo tempo apareceu um gato negro muito comprido, que me parecia teria quatro palmos, eu não o medi, mas nunca vi gato daquele comprimento. E não vi donde ele veio e foi para donde estavam os tocares, por cima da casa. E nestes intervalos ouvi dentro na casa da dita Ângela, em meio da [cumeeira] para a parte do reverendo vigário, um tal ronco, que o primeiro foi muito grande e se me arrepiaram os cabelos. E o segundo foi mais pequeno, que eu me não sei explicar o modo e não lhe sei dar o nome de tão espantável que era. E daí a um pouco de tempo mais ouvi, no meio da casa, por dentro um tal ronco por outro modo que também lhe não sei dar o nome, mas muito medonho tudo.

Na mesma noite, era quase meia-noite e daí por diante não ouvi mais nada na dita casa. E em dezessete de dezembro, fui para a Vila Rica e fui à casa de Joana Ferreira, esta me perguntou como estava o meu reverendo vigário da sua moléstia e me disse depois de outras coisas, que a dita Ângela Maria Gomes era fina feiticeira. Que tinha aprendido quando morou na Cachoeira, com um negro do vigário, que ali esteve. E que o dito vigário, depois que soube que o seu negro era feiticeiro, que lhe mandara dar saída. E para lá se consumira e outras coisas [de] que me não lembro que são bem públicas. E assim denuncio a Vossa Mercê tudo o que me parece, é tudo contra os mistérios da nossa santa fé para que Vossa Mercê dê esta parte aos seus superiores, e quando Vossa Mercê o não faça o farei eu a outro familiar, visto não poder ir por moléstia que tenho, dando-me resposta se fica entregue. Cata Branca da Itabira, dezessete de fevereiro de mil setecentos e sessenta

[assinaturas e rubricas]
De Vossa Mercê
Seu venerado
João Leite Gomes

Termo assinado por Ângela Maria Gomes, rainha da Irmandade do Rosário dos Pretos de Itabira do Campo, 1772[1]

Termo que faz esta Irmandade de N. Snr.ª do Rosário dos Pretos em sua capela separada da matriz o seguinte

Aos vinte dias do mês de abril de mil setecentos [e] setenta e dois, estando nesta capela de N. Snr.ª do Rosário dos Pretos desta freguesia. Estando presente em ato da mesa a rainha Ângela Maria Gomes, junto com três juízes e mais irmãos da mesma Irmandade. Estando também presente João Dias Rios, como protetor digo como zelador. E sendo aí pelo procurador da mesma Irmandade, o capitão José Rodrigues dos Reis, foi dito que na primeira oitava do Espírito Santo era costume observado festejar-se a Virgem Mãe de Deus com o título do Rosário. E que suposto o rei não se achava presente, por se achar fora da freguesia. Contudo havia informação que cá estaria, pelo que [determinasse] a mesa sobre a mesma festa.

O que sendo ouvido pelos ditos vocais da mesa, uniformemente, assentaram era justa que se fizesse a costumada festa, como o ano passado, acrescendo mais haver procissão [de tarde] a requerimento da mesma rainha, porque todo louvor a mesma Senhora era justo e necessário, para o que ela por sua vontade oferecia o sermão do mesmo dia, sem que a Irmandade com isso despendesse coisa alguma. O que sendo ouvido determinaram assim observasse de que fiz este termo: eu, Antônio da Costa Ribeiro, que o escrevi.

[assinaturas]
Ângela Maria Gomes
Antônio de Souza [ilegível]
José Rodrigues dos Reis
Sinal do juiz José + da Silva Sia
Sinal do juiz Antônio + mina
Félix [da Costa]

Denúncia contra Manoel mina e Teresa Rodrigues, 1759[1]

Manoel mina — feitiçarias
Teresa Roiz [Rodrigues]
em — de dezembro de mil setecentos e cinquenta e nove recebi este papel

Consta que neste arraial de Nossa Senhora da Conceição do Rio das Pedras, há tempo de dois meses, pelo mais tempo ou menos, se viram algumas pessoas escandalizadas com o rumor que lhes veio a notícia de que Manoel mina, escravo de Carlos Antônio, morador na Itabira, e Teresa Rodrigues mina, escrava de João Rodrigues Carneiro, usavam de alguns feitiços, com que prejudicavam a muitos em forma tal que a alguns tinham tirado a vida; e com este escândalo ofendidos foram alguns moradores deste dito arraial à casa da referida Teresa Rodrigues aonde entendiam estava o sobredito escravo Manoel mina, para efeito de verem se podiam achar na dita casa alguns feitiços para observarem em forma que os sobreditos feiticeiros não pudessem ofender aos mais.

Como de fato indo à referida casa, nela acharam aos mencionados feiticeiros, como também uma panela em que estavam diversas raízes de que se diz que são as próprias com que os feiticeiros costumam usar para fazerem e darem seus malefícios. E além desta, consta que na mesma casa estavam uns paus escondidos em uma caixa, em um guarda-mapa. E como o caso seja digno de repreensão no Tribunal da Santa Inquisição, portanto a vontade for licenciado [o] muito reverendo vigário João Soares Brandão, comissário do Santo Ofício, se oferece a presente denúncia, com testemunhas para sua prova, e assim que achando ser verdadeira, corrigir os delinquentes na forma que em direito for permitido para sua emenda e exemplo de outros, que de suas [correções] notícia tiverem.

As testemunhas são as seguintes
o tenente Alexandre de Farias Bairros [assinatura indecifrável]
o capitão do mato Tomé
Bárbara Pacheco, parda forra
Vitoriana, crioula forra e moradora no Coche d'Água
Manoel Monteiro morador nos Penteados
Manoel Roiz Sarão
Rita Roiz crioula forra
Manoel Gonçalves Ribeiro

Aos doze dias do mês de dezembro de mil setecentos e cinquenta e nove anos, nesta freguesia de Nossa Senhora da Conceição do Rio das Pedras, comarca da Vila Real do Sabará das minas, bispado de Mariana, em sete do mês de dezembro da dita era me foi entregue o papel da denúncia incluso, o qual aceitei como comissário do Santo Ofício e tomei informação extrajudicial e a mandei escrever pelo padre João Martins Barroso, para o que elegi e lhe dei o juramento dos Santos Evangelhos para que debaixo dele guardasse segredo e escrevesse fielmente o que ouvisse dizer as testemunhas abaixo assinadas, para o que tomei também o juramento da mão do sobredito reverendo padre para as perguntar sem ódio, nem má intenção, e só com zelo da nossa santa fé católica romana e nos assinamos, e eu, o padre João Martins Barroso, que o escrevi.

[assinaturas]
O pe. João Martins Barroso
João Soares Brandão

Boturiana Teixeira, crioula forra natural e batizada na freguesia de Nossa Senhora de Nazaré da Cachoeira termo de Vila Rica deste bispado de Mariana e de presente moradora na freguesia de Santo Antônio do Rio das Velhas, acima chamado o Coche d'Água, a quem o reverendo comissário do Santo Ofício deu o juramento dos Santos Evangelhos para que declarasse a verdade do que soubesse conteúdo no escrito da denúncia, que lhe foi lido pelo reverendo comissário.

Ao primeiro disse que muito bem conhecia a Manoel mina escravo de Carlos Antônio, morador na Cata Branca da freguesia da Senhora da Boa Viagem da Itabira e que sabia pelo ouvir dizer a várias pessoas e os escravos do mesmo Carlos Antônio, parceiros do mesmo Manoel mina, que o dito Manoel mina era feiticeiro, e com eles tinha morto [sic] a alguns seus parceiros. Disse que o dito Manoel mina era costumado a vir à casa de uma negra forra, escrava que fora de um alferes João Rodrigues Carneiro, moradora no arraial de Nossa Senhora da Conceição do Rio das Pedras, e que na casa da dita negra vira o dito Manoel mina de que trata a denúncia.

Disse que o dito Manoel mina de que se trata no escrito da denúncia fora preso na casa da dita Teresa Rodrigues, o que sabia por ser público e notório por toda a vizinhança, porém que não sabia que na ocasião que o prenderam os capitães do mato estava o dito negro fazendo os feitiços, só sabia que o dito Manoel mina era em fama notoriamente de feiticeiro.

Disse mais Boturiana Teixeira que muito bem conhecia a Teresa Rodrigues, preta forra moradora no arraial do Rio das Pedras, de que trata o escrito da denúncia, e que esta era notoriamente infamada de feiticeira e consentia o sobredito Manoel mina em sua casa e que na casa da dita se prendera, porém que não sabia que com os seus feitiços tivesse morto [sic] [alguém] ainda que disso estava infamada.

Disse mais que ouvira dizer que a dita Teresa Rodrigues e uma Rosa da Silva, preta forra moradora no mesmo arraial do Rio das Pedras, tinham ido ao adro da matriz desenterrar um corpo de defunto e lhe cortara[m] as vergonhas e parte das mãos e que isto era notório, porém que ela o não vira.

Disse que sabia por ser público e notório que em casa da dita Teresa Rodrigues se acharam na ocasião que se prendeu o dito negro várias raízes e folhas embrulhadas em trapos e que sabia mais pelo ver com os seus próprios olhos que a dita Teresa Rodrigues tinha em uma caixa um pauzinho pintado embrulhado em guardanapo oculto, porém que não sabia se era para fazer seus feitiços, sim porém que vendo o dito pau estando a dita Teresa Roiz [Rodrigues] na cama, o escondera e que não sabe que mais pessoas se ausentassem na casa da dita Teresa Roiz [Rodrigues] a fazer seus feitiços, mais das que declarado tem. E se assinou com o reverendo comissário e eu, o padre João Martins Barroso, que o escrevi e por não saber escrever assinou-se com uma cruz.

Comissário do Santo Ofício.

[assinaturas]

Comissário do Santo Ofício

Sinal de Boturiana + Teixeira

Bárbara Pacheco, parda forra, solteira, filha natural de Jacinto Pacheco Ribeiro, moradora nesta freguesia de Nossa Senhora da Conceição do Rio das Pedras e nela natural e batizada e assistente em casa da denunciada Teresa Rodrigues, preta forra moradora neste arraial de Nossa Senhora da Conceição do Rio das Pedras em companhia da qual assistiu vários anos [...].

Disse que muito bem conhecia Manoel mina escravo de Carlos Antônio, morador na Cata Branca da freguesia de Nossa Senhora da Boa Viagem da Itabira, e que este era tido e havido por feiticeiro por ela mesma depoente fazer certas diabruras que ela não entendia, isto o sabia pelo dito Manoel mina vir e assistir em casa da denunciada Teresa Rodrigues, donde assistia por vezes dias, semanas e meses. E nestes tempos que assistia lhe via fazer várias diabruras de feitiços e que uma [vez] cozera um galo com certos ingredientes ou gorduras que ela não conhecia e a quiseram obrigar que comesse, o que ela depoente repugnou, e por isso a quiseram castigar.

Disse mais que depois de fazerem certas dançarolas ocultas em uma camarinha, que para não verem o que faziam se fechavam e tapavam o buraco da chave com uma baeta pela parte de dentro. [E] depois de obrarem as suas dançarolas cortaram a cabeça a um galo e o tiveram fechado de noite e pela manhã o botaram vivo no terreiro.

Disse mais que a dita Teresa Rodrigues denunciada tinha uns paus pintados embrulhados em um guardanapo, e que com estes paus andava pelos cantos da casa fazendo umas cerimônias botando aguardente do reino com pimenta, que ela depoente não sabia para o que aquilo era, porém que os paus ela, denunciada, os trazia sempre ocultos.

Disse mais que o dito Manoel mina tinha também dado dois paus pintados a uma preta por nome Teresa Rigor, moradora no mesmo arraial do Rio das Pedras, e que esta algumas [vezes] se achara na ocasião das danças dos feitiços.

Disse mais que sabia, estando ela depoente moradora na mesma casa da denunciada Teresa Rodrigues, por ser público no dito arraial do Rio das Pedras, que o dito Manoel mina escravo do sobredito Carlos Antônio se achava em casa da denunciada Teresa Rodrigues, fora ciente o tenente Alexandre de Faria Barros, e que este mandara chamar capitães do mato e mais gente e cercando a casa prenderam ao dito negro, e querendo prender também a ela, denunciada, botou-se aos pés de um sargento que orou [sic] por ela.

Disse mais que sendo público [sic] as dançarolas dos feitiços, que o dito tenente lhe buscara os cantos da casa e caixas, por ser notório, os paus dos feitiços; acharam várias coisas de raízes, unhas, ervas e raízes e pedacinhos de carne que parecia de gente, porém os paus não deram com eles pelos [sic] ter metidos em um pouco de capim na cerca do quintal, porém disse ela mesma depoente que visto estar convencida, a dita denunciada os queimara o dito e o guardanapo à vista dela depoente.

E disse mais que em outra ocasião vira ela assarem uma fruta até botaram azeite doce e que deste unguento botaram em cima da coroa da cabeça uns pingos, ela denunciada ao sobredito negro e também a sobredita Teresa Rigor e mais não disse de tudo o que continha o escrito da denúncia. E que somente acrescentara o que vira, como dito tinha, a respeito da Teresa Rigor. O que tinha dito era por morar na mesma casa da denunciada Teresa Rodrigues, ver e algumas [vezes] presenciar que de muitas [coisas] que faziam se ocultavam, e mais não disse [...].

[assinaturas]
Soares
O padre João Martins Barroso
Sinal de Bárbara + Pacheco

O tenente Alexandre de Faria Barros, homem solteiro morador nesta freguesia de Nossa Senhora da Conceição do Rio das Pedras, natural e batizado na freguesia de Santa Maria de Oliveira, termo dos Arcos, comarca de Valença do Minho, arcebispado de Braga, testemunha a quem o reverendo comissário deu o juramento dos Santos Evangelhos sobre carrego do qual lhe encarregou dissesse a verdade em todo o conteúdo no escrito da denúncia.

De idade que disse ser de quarenta anos, pouco mais ou menos. Disse que muito bem conhecia ao preto Manoel mina, escravo de Carlos Antônio, morador na Cata Branca, freguesia de Itabira, e que sabia pelo ouvir dizer e ser infamado, que usava de feitiços e sendo avisado que o dito negro se achava na freguesia do arraial do Rio das Pedras em casa de uma preta Teresa Rodrigues, donde vinha [sic] algumas vezes, porém que não sabia a que fim vinha, e que sendo ciente de estar o dito negro na casa da denunciada o fora prender com capitães do mato e mais gente para o que se lhe cercou a casa. E com efeito se prendeu e se remeteu ao seu senhor, e que no que respeita aos feitiços só o sabia pelo ouvir dizer e ser público e mais não disse.

Disse mais que muito bem conhecia a Teresa Rodrigues, denunciada preta forra, e que esta era moradora no arraial da Conceição do Rio das Pedras e que esta era infamada de feiticeira e que na ocasião que se prendeu a negra lhe dera busca pelos cantos da casa e caixas em presença do mesmo reverendo vigário da freguesia e se lhe acharam vários trapos embrulhados e amarrados com várias raízes, ervas e folhas e outras imundícies, que se não conheceram, que ao parecer davam [vistas] de carne mirrada, e perguntando-se à denunciada o que aquilo era respondeu que eram umbigos de criança.

Disse mais que a denunciada Teresa Rodrigues era infamada de que tinha uns paus pintados, que guardava ocultamente embrulhados em um guardanapo dentro de uma caixa, porém na ocasião não foi possível achá-los, porém que depois da busca a denunciada os queimara junto com o mesmo guardanapo. E mais não disse [...].

[assinaturas]
Alexandre de Faria Barroso
[Comissário] Soares
O pe. João Martins Barroso

Manoel Rodrigues Sarão, homem solteiro, morador atual neste arraial de Nossa Senhora da Conceição do Rio das Pedras, comarca da Vila Real do Sabará, natural e batizado na matriz de Nossa Senhora da Conceição da Vila da Fronteira bispado de Elvas [...].

Disse que muito bem conhecia a Manoel, natural da Costa da Mina, escravo de Carlos Antônio, morador na Cata Branca de Nossa Senhora da Boa Viagem da Itabira. E que sabe pelo ouvir dizer e ser público e notório que o dito Manoel mina é feiticeiro e disto está infamado.

Sabe mais que o dito escravo Manoel mina foi achado em casa de uma preta Teresa Rodrigues, escrava do alferes João Roiz Carneiro morador no arraial de Nossa Senhora da Conceição do Rio das Pedras, na qual casa foi achado e preso pelos capitães do mato por ser público que na dita casa vinha atual [sic] e nela se demorava meses, dias e semanas com seus bailes e que nessa ocasião faziam seus feitiços e que somente o sabia por ser público e notório na [rua] e assim o afirmarem os domésticos da mesma casa.

Disse mais que muito bem conhecia a dita Teresa Rodrigues, escrava do sobredito alferes João Rodrigues Carneiro, ser tida há muitos anos e conhecida notoriamente por feiticeira e que esta tinha atual [sic] quase comunicação com o sobredito negro feiticeiro. E que também ouvira dizer que com os seus feitiços tinham prejudicado a várias pessoas e [de] algumas tirado a vida, como também ouviu dizer a uma crioula forra por nome Rita que a dita Teresa Rodrigues lhe tinha feito feitiço ou malefício em vingança de tratos ilícitos com um sargento com quem a dita Teresa Rodrigues denunciada ilicitamente tratava, e que haverá dez ou doze anos que padece incurável achaque a dita Rita e que somente dela se queixava. E que tudo o que tinha dito era por presenciar e ouvir clamores de queixosos e mais não disse [...].

[assinaturas]
Comissário Soares
[Manoel] Roiz Sarão
O pe. João Martins Barros

Manoel Monteiro de Pinho, homem solteiro, que vive de seu ofício, digo, de seu negócio, natural do reino, e batizado de São Martinho da Gândara, termo da vila da Feira, bispado do Porto, filho legítimo de Antônio Monteiro de Pinho e de sua mulher Ana Francisca, de idade que disse ser de trinta anos pouco mais ou menos [...].

Disse que conhece muito bem o negro de que trata o escrito da denúncia por nome Manoel mina, escravo de Carlos Antônio de Faria, morador na freguesia de Nossa Senhora da Boa Viagem da Itabira. E disse que o dito negro era público e notório, infamado de feiticeiro, e que o sabe pelo ouvir dizer a várias pessoas queixosas que o dito Manoel mina tinha morto [sic] vários negros com seus feitiços.

Disse mais que o dito negro fora preso pelos capitães do mato e outras várias pessoas na freguesia do Rio das Pedras em casa de uma negra Teresa Rodrigues, moradora no arraial da mesma freguesia donde costumara vir [sic] e assistir várias vezes e entregando ao dito seu senhor os capitães do mato foi o dito seu senhor metê-lo em ferros de prisão, o que ele testemunha presenciou e na ocasião fez o negro tais diabruras chamando por cobra, cobra e repetindo várias vezes cobra andando à roda fazendo tais coisas e diabruras, que os que estavam presentes fugiram.

Disse mais que ouvira dizer a várias pessoas brancas e pretas e pardas naturais da terra, que o dito negro fora com duas pretas naturais da Costa da Mina a saber, Teresa Rodrigues, denunciada, e Rosa da Silva ao adro da matriz de Nossa Senhora da Conceição do Rio das Pedras a desenterrar um cadáver para lhe tirarem as partes verendas[2] e cabelos e outras mais coisas do corpo para fazerem seus feitiços.

Disse mais que a dita negra Teresa Rodrigues estava infamada notoriamente de feiticeira, porém que não sabia positivamente quem matou e mais não disse nesta parte.

Disse mais que ouvira dizer a várias pessoas que a sobredita Rosa da Silva ameaçara a um homem branco por nome Antônio Pereira Linhares, com quem tinha tratos ilícitos, e querendo se retirar da ocasião da perdição de sua alma, tratou casamento com outra sujeita, e sabendo a dita preta Rosa da Silva dissera que o dito Linhares não havia de casar com a mulher que pretendia e que somente casaria com ela, pois assim lho tinha prometido, e com efeito pelo dito Linhares não fazendo caso disso porém pretendendo com a outra sujeita com quem se tinha tratado, veio a morrer em pé de repente andando, pedindo para o Santíssimo Sacramento, e logo o corpo se lhe pôs em manchas roxas, o que se suspeitou ser veneno que se lhe tinha dado e isto sabe pelo ouvir dizer a vários homens brancos que assistiram ao enterro do dito defunto e mais não disse [...].

[assinaturas]
Comissário Soares
Manoel Monteiro de Pinho
O pe. João Martins Barroso

Rita Rodrigues, preta forra, assistente na freguesia de Nossa Senhora da Conceição do Rio das Pedras, escrava que foi do capitão Brás Rodrigues da Costa, natural e batizada na mesma freguesia da Conceição do Rio das Pedras [...].

Disse que conhecia a Manoel mina, escravo de Carlos Antônio de Faria, morador na freguesia de Nossa Senhora da Boa Viagem da Itabira, e que este estava por negros e brancos conhecido por feiticeiro e que vira ela depoente na freguesia do Rio das Velhas mandá-lo [sic] dito a outro negro forro vender certas coisas, que ela não viu, porém viu pedir o dito Manoel mina o ouro de certas raízes e coisas que mandara vender pelo dito preto Queirós.

Disse mais que muito bem conhecia a preta Teresa Rodrigues, escrava do alferes João Rodrigues Carneiro, morador de presente nesta freguesia de Nossa Senhora da Conceição do Rio das Pedras, que esta dita denunciada era feiticeira e usava dos feitiços, como ela depoente o tinha [experimentado] há dez ou doze anos, que padecia moléstia causada deles sem alcançar medicina, digo, alcançar saúde pela medicina.

Disse mais que tendo a dita denunciada tratos ilícitos com um sargento viera a entrar em desconfiança que a dita depoente com o dito sargento as [sic] tinha, e por isso a quisera espancar e com efeito o faria se lhe não acudira um homem branco Manoel Gonçalves Ribeiro, e nessa ocasião ameaçou que sem pau nem pedra lho havia de pagar e com efeito assim o fez porque indo ela para sua casa caiu de repente privada de fala. E a recolheu um homem branco em sua casa dando-lhe contra de feitiços e com ela [ilegível] à vista de várias pessoas várias imundícias e um bocado de pão de [ló] que ela pelas suas próprias mãos tinha feito e mandado ao sujeito que lho tinha dado; do que depois se veio a saber ser fatura da dita Teresa Rodrigues denunciada, e até o presente não tem alcançado saúde, pela dita Teresa Rodrigues denunciada lhe fazer os feitiços e disso infamada geralmente, e mais não disse de todo o conteúdo no escrito da denúncia, que tudo lhe foi lido e protestou reformar o seu dito sendo dele perguntada e mais não disse [...].

[assinaturas]
Comissário Soares.
O pe. João Martins Barroso
Sinal de Rita + Rodrigues

Tomé Pereira, juiz vintenário, homem solteiro, morador no morro de São Vicente desta freguesia de Nossa Senhora da Conceição do Rio das Pedras, natural e batizado na freguesia de São Tiago de Louredo, bispado da cidade do Porto [...].

Disse que ele sendo chamado pelo tenente Alexandre de Faria Barros fora com os soldados do mato e outras pessoas e cercara a casa a uma negra por nome Teresa Rodrigues, escrava do alferes João Rodrigues Carneiro, e na dita casa achara um negro escravo de Carlos Antônio de Faria, porém que ignorava o nome do negro.

Disse mais que preso o dito negro se dera busca, que havia das feitiçarias, digo, por suspeitas que havia das feitiçarias se deram buscas à casa da dita negra e nela se acharam várias coisas imundas, raízes, folhas, ervas e carne que parecia mirrada, que a dita negra confessou serem umbigos de criança e uma panela também com bastantes variedades de ervas e folhas. E perguntando para que eram, respondeu que eram para suas mezinhas, o que ele depoente presenciou ocular [sic], porém que não sabia nem conhecia de tudo o que se achou ser para operação de feitiços, só ouvira dizer que a negra era feiticeira e tudo o mais conteúdo no escrito da denúncia que lhe foi lido. [...].

[assinaturas]
Comissário Soares
Tomé Pereira
O pc. João Martins Barroso

E sendo logo aí no mesmo dia e era supra veio perante o reverendo vigário João Soares Brandão, comissário do Santo Ofício, Manoel Gonçalves Ribeiro, familiar do Santo Ofício, referido por uma das testemunhas e disse que haverá oito para nove anos, sendo ele testemunha morador ainda onde se assiste nesta freguesia de Nossa Senhora da Conceição do Rio das Pedras, morava naquele tempo perto da sua casa uma crioula por nome Rita, escrava que tinha sido do capitão Brás Rodrigues da Costa, a qual vendo-se em ânsias de morte se valeu dele testemunha mandando o chamar duas vezes, que pelo amor de Deus lhe valesse, o que vendo ele testemunha a foi procurar ao seu rancho e levando consigo uma pouca de casca de [angola] lha deu a beber e lhe disse viesse para casa dele testemunha, o que fez a dita enferma em companhia de uma escrava dele testemunha. E chegando a um córrego que mediava pouco da porta dele testemunha e vindo a dita Rita [enferma] a vômitos junto ao dito córrego, com efeito vomitou pela boca um vômito preto muito hediondo e estava tão perigosa que naquele mesmo dia de noite foi preciso ir o reverendo vigário desta freguesia confessá-la. E disse mais ele testemunha que a dita enferma se queixava que a sua doença eram malefícios que lhe fazia Teresa Rodrigues preta forra que foi de João Rodrigues Carneiro e mais não disse. E que do que dito tem, dera naquele mesmo tempo por escrito conta a um reverendo comissário do Santo Tribunal e mais não disse [...].

[assinaturas]
[Comissário] Soares
O pe. João Martins Barroso
Manoel Gonçalves Ribeiro

Muito Ilustres Senhores Inquisidores

Em virtude da denúncia que pelo escrito junto recebi em sete de dezembro de mil setecentos e cinquenta e nove, com as pessoas nele escritas à margem, as perguntei extrajudicialmente, em forma judicial.

A denunciada Teresa Roiz [Rodrigues], preta, natural da Costa da Mina, e o denunciado Manoel mina, escravo de Carlos Antônio, ambos são muito infamados de feiticeiros e que usam de malefícios e danças de seus bangalés ocultos com uns paus pintados, os quais se não acharam na ocasião [em] que os capitães do mato prenderam ao dito Manoel mina em casa da dita negra Teresa Rodrigues; somente se acharam várias coisas imundas, raízes, folhas e carne-seca; o que tudo recebi em uma panela e mandei queimar. Quanto aos paus pintados, persuado-me serem figuras de certas cobras, que alguns dos gentios daquela Costa da Mina adoram por seus deuses. *Dixi* [tenho dito].

Humilde súdito de Vossas Muito Ilustres Senhorias

O vigário João Soares Brandão
Comissário do Santo Tribunal

Denúncia contra Teresa Dias, courana, moradora em Vila Rica, sem data[1]

Ilustríssimo Senhor Reverendo Doutor Teodoro Ferreira [Jacome] [corroído] e Tesoureiro-Mor da Diocese da Cidade Mariana [e nela cônego doutoral]

Teresa Dias — feiticeira

Por denúncia representa Mateus Gomes da Cunha morador em Vila Rica abaixo das escadas da igreja de Nossa Senhora da Conceição, contra Teresa Dias preta forra de nação courana, e de alcunha a Jogó, moradora na mesma rua quatro casas para cima do denunciante, o qual queixando-se já há tempos à Justiça Eclesiástica daquela vila contra a dita por ser mulher costumada a fazer malefícios diabólicos, de sorte que ao denunciante e a seus escravos e fazenda intentou matar por feitiços a todos os da casa do dito denunciante, que se lhe tem causado de prejuízo o melhor de cinco ou seis mil cruzados, como também por o denunciante ser homem de negócio, e mercador daquela vila, lhe tem inficionado todas as suas dependências, e vendagens: e sendo pronunciada por estes e outros fatos diabólicos no Juízo daquela vila, saiu absoluta perante o reverendo doutor vigário-geral; e porque é sabido que vai ao cemitério da freguesia de Nossa Senhora da Conceição de Antônio Dias em dias e noites assinaladas pactuar com o demônio e tem inficionado muitos escravos e pessoas brancas por este meio causando até morte e perdição de suas fazendas, e o mais que dirão as testemunhas que nomeia para pela Santa Inquisição se tomar conta e são as seguintes.

Mateus Gomes da Cunha — o reverendo padre Manoel Pinto Ferreira — Tomás Antônio da Silva sujeito à cadeia — o alferes João Francisco Rodrigues também sujeito à cadeia — o licenciado João Lopes da Fonseca mestre de meninos — Antônio Esteves Teixeira — mercador; e seu caixeiro Matias Gonçalves — Leandro de Figueiredo sapateiro — José Ribeiro Alcanede pardo forro — Luísa de Lemos; parda forra, solteira — Antônia Nogueira parda solteira — Francisca Ferreira do Nascimento mulher branca e viúva — Antônia Rodrigues Bandeira preta forra — Ventura das Neves Pinto, e sua mulher Ana Rodrigues, esta crioula, e ele preto, e forros

— todos na mesma rua — Manoel de Souza de Viveiros,
na Barra — Alexandre Francisco Ferreira meirinho do
ouvidor — Manoel de Miranda e Costa pardo escrevente
do doutor Antônio Rodrigues de Queirós

Denúncia contra Maria Teixeira, mina, moradora em Mariana, sem data[1]

O padre João Soares [na] presença de sigilo

[Ao ministro] deputado pelo Tribunal do Santo Ofício o muito reverendo cônego magistral João Cordeiro nesta Catedral de Mariana, afirmo jurando aos Evangelhos, e tudo *sub sigilo ad hoc* [sob sigilo para isso] necessário: [...]

que lhe dissera Francisca parda casada com Jerônimo pardo morador nesta cidade, que Maria Teixeira prcta que morou no Inficionado,[2] para estas partes dissera a [filha] que a dita sabe, que aquela imagem de Nossa Senhora que a dita levava, atirasse para lá pois não lhe fazia o que lhe pedia, que não era como os santos de sua terra, que haviam de fazer o que ela pedia, que [ela] não cria, ou que nada fazia a imagem de pau, o que melhor sabem os ditos e esta é Mina.

POSFÁCIO

A perseguição às religiões africanas e o filtro colonial presente nos documentos

Aldair Rodrigues e Moacir Maia

Para que possamos nos aproximar das vozes presentes nos documentos aqui transcritos, é necessário ter em mente que os registros foram produzidos em contextos de violência e perseguição religiosa. Uma das principais armas ideológicas empregadas pela Igreja católica na montagem dos impérios coloniais do Atlântico com base na escravidão foi a demonização das crenças e práticas culturais africanas.[1] Suas entidades foram sendo paulatinamente associadas ao demônio, e essa vinculação justificava as atividades repressivas que eram adotadas junto com a evangelização.

Os argumentos teológicos e morais que defendiam a necessidade de tirar os escravizados da África para salvá-los do paganismo nas Américas foram usados na construção da legitimidade do tráfico.[2] Por isso as constituições diocesanas que orientavam a ação da Igreja prescreviam o ensino da doutrina cristã como uma das obrigações dos proprietários de escravos, havendo pressão pelo seu batismo compulsório e catolicização.[3] Ao mesmo tempo que dava respaldo ao comércio transatlântico de pessoas, essa ideologia influenciava a construção de diferenças e hierarquias étnico-raciais que inferiorizavam os africanos. Enquanto suas crenças eram vistas como demoníacas e perseguidas, eles ocupavam o estatuto social e jurídico de escravos no Brasil, o que os colocava no lugar mais baixo da pirâmide social.

Nessa época não havia uma separação clara entre Igreja e Estado. A monarquia portuguesa era uma monarquia católica, o que significa que se poderia professar apenas uma fé nos seus territórios. Um bom súdito ou vassalo, no sentido político, deveria ser, ao mesmo tempo, um bom fiel no sentido religioso. Qualquer dissidência religiosa era considerada uma ameaça à unidade política.

A vigilância às religiões africanas, bem como a todos os desvios em relação à ortodoxia católica, era exercida por três esferas de poder. No âmbito local, havia os tribunais das dioceses e as visitas episcopais que percorriam as freguesias para verificar o comportamento da população. Ambas as instâncias cuidavam de casos que, embora tidos como suspeitos, não chegavam a constituir heresia. No território das comarcas, a justiça civil também poderia prender e processar crenças dissidentes. Acima de todas as instâncias estava a jurisdição inquisitorial, que acabou monopolizando a repressão aos casos suspeitos de heresia. Quando agentes das outras duas esferas de poder deparavam com pessoas potencialmente heréticas, remetiam os casos aos inquisidores, tal como vemos nos manuscritos editados neste volume.

O Santo Ofício da Inquisição foi criado em Portugal, em 1536, pelo papa, após solicitação do rei, e funcionou até 1821, tendo processado cerca de 45 mil pessoas.[4] Os espaços sob sua jurisdição estavam organizados em quatro distritos, havendo um tribunal para cada um: Coimbra, Lisboa e Évora, e Goa, na Índia, o qual julgava os delitos da população que vivia nas conquistas portuguesas na Ásia. Este foi o único tribunal com sede fora do reino. O Brasil nunca abrigou um tribunal próprio da Inquisição. Suas terras ficaram sob a vigilância do Tribunal de Lisboa, da mesma maneira que outros territórios atlânticos: Açores, Madeira, Guiné, Cabo Verde, São Tomé e Angola. Os habitantes dessas regiões eram julgados e sentenciados na corte lisboeta.

As estratégias de atuação dos inquisidores na colônia variaram bastante ao longo dos três séculos. No auge da economia açucareira, entre fins dos séculos XVI e XVII, visitadores do Santo Ofício percorreram Pernambuco, Paraíba, Bahia, Espírito Santo, Rio de Janeiro e a região de Santos, em São Paulo, em busca de denúncias e confissões. A partir de fins do século XVII, a instituição passou a se apoiar especialmente na formação de uma rede de oficiais residentes na colônia que se habilitavam para representar a Inquisição nos locais onde viviam. Para se tornarem representantes do Santo Ofício, eles deviam ter posses, saber ler e escrever, e atender, entre outros, aos critérios dos estatutos de pureza de sangue. Ou seja, não podiam descender de judeus, muçulmanos ou de pessoas escravizadas. Com o apoio dos bispos e párocos, a teia de agentes habilitados facilitou o trânsito de papéis com denúncias, sumários de testemunhas, ordens de investigação e mandados de prisão entre Lisboa e os rincões da América portuguesa. Por exemplo, para incitar denúncias, os inquisidores enviavam maços de editais contendo a lista dos delitos pertencentes à sua jurisdição, penas aplicáveis e instruções sobre o modo de fazer as denúncias. Esses documentos deveriam ser lidos pelos padres no final das missas e depois ficavam afixados nas portas das igrejas ou sacristias. O objetivo era incentivar as delações e afirmar o poder do Tribunal de Lisboa entre a população da América portuguesa. Tais dinâmicas possibilitaram o enraizamento e o funcionamento do Santo Ofício no Brasil.

Em geral, os judeus e seus descendentes convertidos à força ao catolicismo, conhecidos como cristãos-novos, foram o principal alvo da Inquisição portuguesa. Eram perseguidas também as pessoas batizadas suspeitas de praticar protestantismo, islamismo, bigamia, sodomia, blasfêmia, leitura de livros proibidos e feitiçarias atribuídas à influência do demônio, entre elas, as crenças africanas, além de padres que assediavam sexualmente suas confitentes. Ou seja, o Santo Ofício atuava contra um amplo conjunto de delitos vistos como afrontas à pureza da fé católica e à autoridade da Igreja.[5]

Os réus ou seus advogados não tinham acesso aos autos do processo, já que o segredo era uma das marcas da arbitrariedade inquisitorial. Muitas vezes uma pessoa nem sequer sabia por que havia sido presa. Durante os interrogatórios, os processados poderiam ser submetidos a sessões de tortura para confessar as heresias das quais eram suspeitos.

No final do processo, os presos saíam em procissão para ouvir suas sentenças num grande espetáculo público chamado auto de fé, ao que compareciam o rei e as principais autoridades de Portugal. As penas variavam, na visão dos inquisidores, conforme a gravidade dos delitos. Entre elas, havia o degredo do bispado de residência, açoites em praça pública, obrigação de remar nas embarcações do rei, prisão perpétua ou a morte, sentença que foi aplicada a cerca de 5% dos processados.[6] A queima dos réus nas fogueiras acesas em praça pública era o ápice desse processo de punição exemplar e demonstração de poder por parte da Igreja.

Os africanos que moravam em Minas Gerais foram alcançados pelos braços do Santo Ofício constituídos pela rede de agentes que viviam na capitania. O topo da hierarquia dos oficiais da Inquisição em Minas era ocupado por 23 padres diocesanos, os quais exerciam funções importantes nas sedes das comarcas eclesiásticas e, principalmente, em Mariana, que passou a ser a sede do bispado mineiro em 1745. Ao lado deles, havia um grupo de 457 agentes civis espalhados pelos arraiais, chamados de familiares do Santo Ofício.[7] Normalmente, tratava-se de filhos de lavradores e artesãos do populoso norte de Portugal que tinham enriquecido no Brasil com atividades mercantis, sobretudo atuando no tráfico de escravizados como "comboieiros de negros" entre o interior e os portos escravistas de Salvador ou do Rio de Janeiro. Para eles, pertencer aos quadros da Inquisição era muito prestigioso, em especial porque significava ostentar a prova pública de pureza de sangue e o fato de ser um defensor da ortodoxia da fé católica. Na época, o status social, a honra e o exercício do poder político envolviam tais critérios ligados ao catolicismo. Por meio desses jogos e arranjos, a elite colonial forneceu a base social que permitiu a presença da Inquisição na região mineradora.

Quando os representantes do Santo Ofício deparavam com casos considerados potencialmente heréticos nas paróquias mineiras, transmitiam-nos ao Tribunal de Lisboa via porto do Rio de Janeiro e ficavam de prontidão para atuar nos desdobramentos das denúncias, fosse na coleta de depoimentos, fosse na prisão dos réus e seu embarque para Portugal. Após o término do julgamento em Lisboa, uma certidão com a transcrição da sentença era lida durante a missa nas paróquias em que os réus moravam ou se expunha o retrato destes na igreja. O tribunal visava garantir e amplificar a infâmia da condenação no seio da comunidade dos condenados.

Quanto às pessoas denunciadas ao Santo Ofício referidas nos documentos que compõem este volume, o tribunal não chegou a processá-las formalmente nem a sentenciá-las, por motivos que nos escapam.[8] O que fica evidente é que elas sofreram perseguição, foram presas e tiveram seus locais de culto e artefatos sagrados destruídos. Isso nos alerta sobre a importância de evitar a análise do impacto da violência religiosa inquisitorial apenas em termos de número de processados e de sentenciados.

A MILITARIZAÇÃO DA REPRESSÃO À RELIGIOSIDADE AFRICANA APÓS A DESTRUIÇÃO DE PALMARES (1694)

Além dos aparelhos de vigilância referidos acima, no século XVIII houve uma mudança importante nos métodos de repressão às práticas religiosas africanas, em razão da institucionalização do posto de capitão do mato e do seu envolvimento nas denúncias e prisões de devotos, sacerdotes e sacerdotisas. Esse processo fazia parte de um contexto mais amplo cujo marco foi a destruição de Palmares, o maior e mais longevo quilombo que existiu no Brasil. Sua rede de mocambos começou a se formar em Pernambuco no início do século XVII e ganhou força durante a ocupação holandesa nessa parte do território brasileiro (1630-54). Após sucessivas tentativas fracassadas de destruição dos acampamentos, os portugueses conseguiram impor-lhes uma derrota definitiva em 1694.[9]

Os embates entre a resistência dos escravizados e a administração colonial acabaram determinando os contornos das práticas de controle social da população africana que viveu no Brasil setecentista. Dentre eles podem ser citados os critérios mais restritivos para a definição de quilombo, que passou a ser a de um agrupamento de quatro ou mais escravizados fugidos, e a institucionalização do cargo de capitão do mato, oficial especializado na captura e resgate dos fugitivos.[10] Notamos isso claramente na região da mineração, para onde o principal foco da colonização portuguesa se deslocou durante a corrida do ouro. O governador da capitania de Minas Gerais, junto com as suas elites, tinha sempre no seu horizonte o temor de que ali se repetisse a experiência de Palmares, razão pela qual investiu fortemente na oficialização do posto de capitão do mato, entre outras medidas.[11]

A princípio, os regimentos dos capitães do mato (1715 e 1722) não previam de modo explícito seu engajamento na repressão religiosa. Tal função foi normatizada posteriormente por uma instrução suplementar elaborada pela ouvidoria da comarca de Vila Rica no ano de 1739. Entre outros aspectos, o documento fazia um apelo para que os capitães do mato impedissem "folguedos e danças que costumam fazer os negros em ajuntamentos que resultam em discórdias, impudências e ofensas a Deus".[12] Provavelmente foi esse acréscimo que legitimou métodos repressivos que, embora não fossem regulados, já estavam em curso na região.

Na concepção do governo colonial, as práticas religiosas africanas, para além de desafiar a ortodoxia católica, representavam um risco para o controle social dos escravizados porque propiciavam espaços de autonomia. Neles, podiam falar suas línguas, estreitar laços de solidariedade e, quem sabe, tramar rebeliões, fugas ou ações mais silenciosas que confrontassem a ordem escravista.

A normativa de 1739 abriu caminho para a militarização da patrulha das manifestações religiosas africanas. A documentação transcrita neste volume mostra que os capitães do mato eram importantes para a obtenção de detalhes sobre a movimentação dos sacerdotes e devotos, bem como sobre os dias de realização de cerimônias. Eles atuavam principalmente no planejamento e execução de operações que tinham por objetivo o ataque aos locais de culto, a apreensão dos artefatos e apetrechos sagrados, sua inventariação e sua destruição por meio do fogo. Em outras circunstâncias, agiam de modo mais autônomo ao investigar, invadir espaços e prender pessoas durante a condução de cerimônias e rituais.

A prisão de Manoel mina e Teresa Rodrigues no ano de 1759 em Rio das Pedras,[13] comarca de Sabará, na região central da capitania de Minas Gerais, exemplifica bem os vários níveis dessas articulações. O caso constitui o segundo manuscrito deste volume. Ambos foram denunciados em razão dos crescentes rumores de que seriam feiticeiros e, por meio de práticas mágicas supostamente demoníacas, vinham prejudicando muitos moradores do arraial, inclusive causando a morte de alguns deles. A invasão da residência de Teresa, onde os cultos eram realizados, foi planejada pelo comissário da Inquisição do distrito, João Soares Brandão, e pelas forças militares locais lideradas pelo tenente Alexandre Faria Barros, que levou consigo os capitães do mato. Em seu depoimento, o tenente disse que "muito bem conhecia ao preto Manoel mina, escravo de Carlos Antônio, morador na Cata Branca, freguesia de Itabira", e "que sabia pelo ouvir dizer e ser infamado, que usava de feitiços". Sobre a operação, explicou que, "sendo avisado que o dito negro se achava na freguesia do arraial do Rio das Pedras em casa de uma preta Teresa Rodrigues [...] o fora prender com capitães do mato e mais gente para o que se lhe cercou a casa".[14] Tomé Pereira, juiz vintenário que esteve entre os seus ajudantes, acrescentou em depoimento que, "chamado pelo tenente Alexandre de Faria Barros fora com os soldados do mato e outras pessoas e cercara a casa a uma negra por nome Teresa Rodrigues". Encontrou junto com ela "um negro escravo de Carlos Antônio de Faria".[15] A ação foi acompanhada pelo já mencionado João Soares Brandão, vigário da freguesia e comissário da Inquisição. Ao que parece, os militares atuaram no planejamento e execução da operação até onde a força era necessária, mas as buscas de evidências de práticas consideradas heréticas pela Igreja foram tarefas cumpridas pelos oficiais eclesiásticos. Eles inspecionaram o local de culto e seus artefatos sagrados.

Na região noroeste das Minas, em Paracatu, o papel exercido pelos capitães do mato foi crucial para o desmantelamento de um complexo formado por uma espécie de convento e templo dedicados ao Deus da Terra de Courá, na periferia do arraial, nas proximidades de um córrego chamado Macacos. Como podemos ver no primeiro manuscrito deste volume, as cerimônias ocorriam nas noites de sábado e eram lideradas por sacerdotisas e devotas do litoral do golfo do Benim que tinham sido predominantemente embarcadas na região de Ajudá, de "nação Courá". Na reunião religiosa em honra ao vodum, havia prática de adivinhação, cura, celebração de uniões de casais e certamente de iniciação de sacerdotisas.

A invasão aconteceu em setembro de 1747 e foi efetuada por cinco capitães do mato, movidos, segundo justificaram, pelo "zelo e serviço de Deus" e "sem ordem alguma de ministro".[16] Quando entraram no local, acharam grande número de homens e mulheres entregues à "dança de Tundá"; destes, "prenderam alguns e fugiram outros por serem poucos os capitães do mato e os oficiais que tinham ido a tal diligência".[17] Entre os capturados estavam a "dona da casa e Jacinta, escrava de João Ribeiro Marinho, e Lourenço, escravo do coronel José Velho Barreto". Os oficiais confiscaram ainda uma figura humana que ficava num altar e era adorada como "o Deus da Costa de Courá, que fazia os milagres".[18] O desenrolar do sumário demonstra que o sargento-mor do arraial, João de Oliveira Maia, também estava vigiando as sacerdotisas; ele havia solicitado ao português José de Faria, vizinho delas, que ficasse de olho em seus passos.[19] O sumário foi conduzido pelos oficiais do tribunal diocesano e remetido à Inquisição de Lisboa, que acabou não emitindo uma sentença sobre o caso.

Os agentes do poder colonial criaram um sistema de estímulo e recompensa fundamentado na exploração da posição vulnerável da população negra, acenando com a ascensão social para aqueles que cooperassem em delações e prisões.

No caso dos capitães do mato, isso se tornava um meio de vida instrumentalizado pela administração portuguesa para intensificar as práticas de controle e viabilizar a exploração colonial baseada na escravidão e no tráfico.

Em síntese, na América portuguesa, todos estavam sob jurisdição dos aparelhos institucionais de defesa da ortodoxia e pureza da fé católica. Porém, a população negra tinha que lidar ainda com a vigilância das forças militares, sobretudo os homens do mato e capitães do mato. Eles estiveram presentes em casos apresentados neste volume.

MINAS GERAIS E A COSTA DA MINA

Na primeira metade do século XVIII, Minas Gerais abrigou uma grande concentração de povos do golfo do Benim praticantes da religião vodum. Suas origens eram descritas pelos portugueses por meio do termo genérico "mina" (nação Mina), indicando que haviam sido embarcados nos portos situados numa ampla faixa da África Ocidental a que chamavam Costa da Mina.[20] O ouro em pó da capitania e o tabaco produzido no sul da Bahia desempenhavam papel fundamental nas dinâmicas do tráfico naquela região.[21] Chegando ao Brasil, eram desembarcados principalmente em Salvador e, depois, muitos eram levados para Minas.[22] Existia também

Tronos de antigos reis daomeanos, em pátio do complexo palaciano de Abomei, atual Benim, em imagem de 1930. Os governantes eram divinizados como voduns, após sua morte

um circuito comercial que trazia milhares de escravizados de Angola, Benguela e Congo (na África Central), população que foi superando os grupos afro-ocidentais na capitania a partir de meados do século XVIII.[23]

A escravização dos povos de nação Mina da área vodum ocorreu sobretudo no contexto dos conflitos relacionados à expansão do reino do Daomé, que avançou do planalto de Abomei para o litoral, conquistando os reinos de Aladá, em 1724, e Uidá (Ajudá, para os portugueses), em 1727. Os súditos do primeiro reino invadido seriam, em sua maioria, da etnia Aizô e formavam a nação Ladá (Ladano, Ladana, Ardra) em

Minas Gerais. Já os Courá ou couranos seriam originários do litoral do golfo do Benim, do reino de Uidá e seu entorno.[24] Ao que tudo indica, passaram a ser escravizados em massa em fins da década de 1720, durante as ofensivas daomeanas na zona litorânea. Em Mariana e Ouro Preto, a identidade Courá foi tecida a partir de complexas relações sociais, particularmente no campo religioso, por meio de compadrio e de uma marcante presença em irmandades do "Rosário dos Pretos", com a ocupação frequente em postos de direção dessas confrarias negras.[25]

Após a incorporação dos reinos costeiros pelo Daomé e o fortalecimento de sua aliança com as potências europeias, a pressão do tráfico atlântico deslocou o foco central das operações de apresamento para o norte, na região que veio a ser conhecida, *grosso modo*, como Mahi. Esses territórios constituíam pequenas unidades políticas relativamente autônomas quc formavam coalizõcs para rcsistir às ofcnsivas dos traficantes e lidar com as potências Fon (Daomé) e Iorubá (Oió) que as circundavam.[26] Entre os grupos da zona Mahi levados para Minas, estão os Savalou (nação Sabaru) e os Cobu, da região de Agonli Cové.[27] Raramente encontramos o uso da classificação mais abrangente Mahi na documentação mineira. Quando aparece, ela é grafada como Maqui, Maquino ou Maquine. No Rio de Janeiro, na segunda metade do Setecentos, eles se organizavam na congregação Makii da igreja de Santo Elesbão e Santa Efigênia.[28] Seu regente, Francisco Alves de Souza, deixou um rico memorial em forma de diálogo no ano de 1780, que detalha suas vivências no mundo afro-brasileiro. Recentemente o documento foi transcrito e publicado por Mariza Soares.[29]

As pessoas pertencentes ao principal grupo étnico da região de Abomei, capital do Daomé, também acabavam sendo tragadas pelas redes de traficantes. Elas se autodeclaravam ou eram identificadas em Minas Gerais como Fon (Fom, Fono e Fonu).[30] Por exemplo, a africana Inácia Pereira da Assunção, cujo testamento consta neste volume, era de nação Fon, como vemos em sua carta de alforria.[31] Todos esses termos específicos (Courá, Sabaru, Ladá, Fon, Cobu e Maqui) poderiam ser englobados pela nação Mina em seu sentido mais genérico, a depender das relações sociais que mediavam seu uso. Uma mesma pessoa poderia ser de "nação Fon" num documento e aparecer como "Mina" em outro, tal como foi o caso de Inácia.

Apesar de os grupos falantes de línguas gbe constituírem a maioria absoluta da população afro-ocidental que vivia na capitania mineradora, o termo "mina" poderia abarcar também grupos Iorubá ("Mina Nagô"), povos da baía de Biafra ("Mina Carabali") e até da Senegâmbia. Nesses casos, os portugueses empregavam "nação Mina" num nível genérico em extremo para se referirem simplesmente, por contraste, a pessoas que não provinham da África Centro-Ocidental (região de Congo e Angola).

Durante muito tempo, os historiadores acreditaram que os povos de "nação Mina" eram oriundos das regiões auríferas dos estados acãs, próximas ao castelo de São Jorge da Mina, na Costa do Ouro, onde atualmente é Gana. As elites e os comerciantes de Minas Gerais falavam de uma preferência de seus habitantes por aquela origem, inclinação que os estudiosos atribuíram ao domínio das técnicas auríferas pelos grupos acãs. No entanto, hoje em dia, com a maior disponibilidade de dados do tráfico e com mais conhecimento sobre a história da África, fica evidente que os povos que os portugueses classificavam como nação Mina eram, na verdade, principalmente grupos falantes de língua gbe da baía do Benim.[32] A população vinda da Costa do Ouro era minoritária no tráfico para aquela capitania. O discurso sobre a predileção mineira pela origem Mina tinha mais a ver com a propaganda e a defesa dos interesses dos traficantes da rota Bahia-Costa da Mina em disputa com a rota Angola-Rio de Janeiro, que se tornava cada vez mais importante no abastecimento da zona do ouro. A partir de meados do século XVIII, os povos da África Centro-Ocidental passaram a predominar em várias zonas da capitania, sem que a mudança na mão de obra tenha provocado desarranjo algum na economia mineradora.

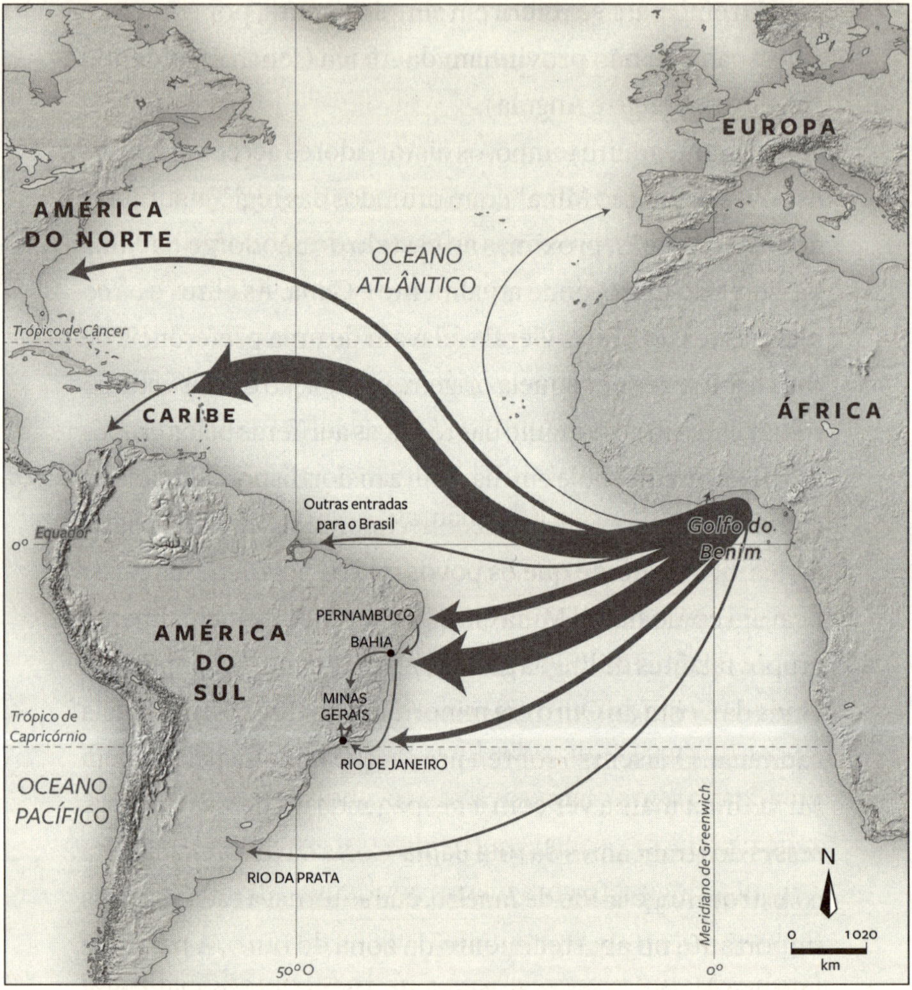

Mapa da diáspora atlântica dos povos do golfo do Benim, 1701-1800

A presença expressiva de povos da área vodum em Minas colonial desdobrou-se na emergência de intensas relações sociais entre eles. Uma de suas facetas mais bem documentadas é a língua geral da Mina. Como já foi dito, os vários povos englobados pela "nação Mina" falavam sobretudo línguas ewe-fon ou simplesmente línguas gbe (fon, ewe, adja, gen, aizô, mahi, phlá-pherá etc.), usadas na zona que se estendia do sudeste de Gana até perto da fronteira do atual Benim com a Nigéria. Pertenciam, ao lado de outros idiomas da África Ocidental, à família linguística Cuá e guardavam variados níveis de intercompreensão, o que talvez tenha facilitado as práticas de comunicação entre seus falantes no Brasil.[33]

O registro mais importante da língua geral da Mina foi produzido por Antônio da Costa Peixoto na região de Ouro Preto, durante as décadas de 1720 e 1730. Ivana Lima tem enfatizado que a composição do vocabulário envolveu uma rede de relações sociais que incluía informantes africanas, com quem Peixoto convivia no cotidiano urbano.[34] A base lexicográfica teria sido a língua fongbe do reino do Daomé. Grupos Mahi (nações Sabaru, Cobu e Maquino/Maquine), ladanos e couranos igualmente influenciavam o uso dinâmico da então denominada "língua geral de Mina". Além disso, parte de seu léxico conteria uma pequena influência iorubá, em razão da presença dos Nagô ("Mina Nagô") na capitania mineradora.[35]

No vocabulário elaborado por Peixoto, revela-se que o termo "vodum", ou mais precisamente "avodum", era usado na região mineradora para traduzir elementos da estrutura da Igreja católica: *vodumcũ* (Quaresma), *avó dum chuhê* (igreja), *avódumgê* (contas de rezar), *avodumhi* (Páscoa), *avodumzambe* (domingo), *avodumzampê* (dia santo), *avóduno* (padre), *hihávouvódum* (Nosso Senhor).[36] Como vemos, desde tempos imemoriais "vodum" é a palavra utilizada para nomear a religião, as divindades e as forças invisíveis — como também reforçam os vocábulos ouvidos e anotados por Peixoto na Ouro Preto setecentista.

AS PRETAS MINA

A sociedade que se constituiu em Minas Gerais no boom da exploração mineral tinha na presença africana o seu principal elemento. Contando com indivíduos em situação de escravidão, em sua maioria, e com um pequeno número de libertos, a economia mineradora privilegiava a aquisição de escravos homens, sendo em regra uma proporção superior a três homens para cada mulher africana. No interior do grupo de escravizadas ou ex-escravas, encontramos africanas de diversas

Dança de sacerdotisas voduns, em imagem do início do século xx (Daomé, atual Benim). No contexto colonial francês, as sacerdotisas voduns eram chamadas de feiticeiras (*féticheuses*)

partes do continente, até mesmo das distantes paragens da África Oriental, provenientes de vários grupos identificados genericamente como de nação Moçambique. Mas era da Costa da Mina (atuais territórios da República do Benim, Togo, porções da Nigéria e Gana), na África Ocidental, que vinha um grupo numericamente relevante de mulheres alcunhadas de "pretas Mina" pela sociedade colonial. Elas procediam de sociedades africanas complexas, algumas mais antigas, outras com histórias mais recentes. A atuação feminina na área vodum revelava o engajamento das mulheres nas amplas redes familiares de cultivo e produção de alimentos, com participação destacada nas feiras locais, nas organizações religiosas e em particular no grupo daquelas que integravam parte significativa das moradias dos governantes e potentados dos microestados da região.[37]

Em seus territórios de origem, poderiam ocupar posições distintas nas hierarquias sociais e econômicas, na condição de pessoas livres ou em menor número como escravas — geralmente estrangeiras. Em estados da área vodum como os reinos de Uidá, Aladá e Daomé, sociedades patriarcais, formados por complexos sistemas de organização, a poligamia era permitida e podia gerar famílias extensas, que se ampliavam ainda mais dentro das estruturas dos clãs e linhagens — o que resultava em um número significativo de adeptas nos cultos de seus ancestrais e devoções particulares. E, se a poligamia ampliava os núcleos familiares, ela gerava um número maior de braços na produção de riqueza em tais moradias. O exemplo mais expressivo dessa prática social de casamento encontrava-se nas grandes residências e palácios dos governantes e chefes políticos, com centenas e até alguns milhares de mulheres, integradas como esposas, escravas e agregadas, o que refletia o poder do governante e expunha a desigualdade de gênero nessas sociedades. Existia a possibilidade de que, após a morte do antecessor, o novo governante incorporasse as mulheres do falecido; estas se tornavam suas protegidas, e muitas passavam a trabalhar na produção que poderia ser comercializada em lugares específicos nas feiras da capital do reino. A mãe do rei exercia papel simbólico importante, particularmente nos cultos religiosos familiares e públicos. No microcosmo familiar, o primogênito incorporaria as esposas do pai falecido, não necessariamente com fins matrimoniais. Em sociedades como a de Uidá, se por um lado era permitido aos homens constituir famílias poligâmicas, o adultério masculino e o feminino eram punidos com extremo rigor, incluindo a pena de morte ou, em certos casos, o banimento do indivíduo, que era vendido como escravo(a).[38]

Na travessia atlântica, essas mulheres chamadas de pretas Mina no Brasil colonial tinham a vida violentamente transformada, sendo separadas de suas linhagens, territórios de origem e do mundo que constituíam. Por outro lado, traziam no corpo e em suas bagagens culturais as visões de mundo, os conhecimentos e os universos culturais das complexas sociedades africanas do interior e do golfo do Benim. Partes dessa herança foram fundamentais no processo de reconstrução de sua vida na diáspora em Minas Gerais e nas lutas que tiveram que enfrentar no contexto escravista.

Nas novas povoações mineiras, o trabalho na mineração e principalmente na produção e comercialização de alimentos se mostrou um caminho possível para que essas mulheres acumulassem pecúlio, o qual lhes garantiu a conquista da liberdade pela compra, em prestações, de suas alforrias. Fosse no trabalho atrás dos balcões das chamadas "vendas de secos e/ou molhados", comércio fixo estabelecido nas povoações, estradas e caminhos, ou como negras de tabuleiro a carregar na cabeça frutas, alimentos e víveres, oferecidos pelas ruas, becos, morros e lavras de ouro, o papel das pretas Mina na atividade comercial foi se consolidando.[39] Elas passaram a dominar o mercado ambulante de alimentos, o que, além de remontar a possíveis tradições comerciais de suas regiões de origem, era facilitado pela possibilidade de comunicação com os muitos africanos também vindos da chamada Costa da Mina.

Apesar de desfrutarem de certa mobilidade social e econômica, sua liberdade era precária por ser vivida num contexto escravista e por causa das hierarquias sociais baseadas na cor da pele e em relações de gênero. É importante também que a escravidão e a liberdade sejam compreendidas não apenas com base nesse grupo de libertos e libertas Mina, pois a esmagadora maioria das pessoas provindas da Costa da Mina e de outras partes da África viveu e morreu em situação de escravidão no Brasil.

A RELIGIÃO VODUM: LENDO A CONTRAPELO OS REGISTROS INQUISITORIAIS

Na busca pelas "provas" de que as crenças africanas cultuavam o demônio, os agentes da perseguição sistematizavam informações sobre a materialidade e a visualidade dos artefatos sagrados que encontravam, inspecionando-os e descrevendo-os antes de destruí-los pelo fogo. Recorrendo à história da África, podemos acessar detalhes importantes da religião vodum na diáspora c assim desconstruir o estereótipo da demonização que associava seus cultos ao diabo.

Uma das principais funções das práticas religiosas voduns, que abrangiam as sociedades falantes de línguas gbe do golfo do Benim, era propiciar "a comunicação com o 'outro mundo' para obter assistência espiritual sobre a condução dos assuntos 'neste mundo'".[40] No intuito de nos aproximar desse universo, adotamos como exemplo o culto ao vodum da serpente (Dangbé) em razão dos indícios de que ele acontecia na região mineira de Sabará em meados do século XVIII. No parecer sobre os depoimentos das testemunhas contra os africanos Manoel mina e Teresa Rodrigues em 1759, o comissário João Soares Brandão supôs que os paus pintados que ambos manipulavam em seus rituais seriam "figuras de certas cobras, que alguns dos gentios daquela Costa da Mina adoram por seus deuses". Ou seja, ele nos oferece elementos acerca de uma provável difusão da devoção aos voduns das serpentes em Minas Gerais.[41] Podemos trabalhar com a hipótese de que as "figuras de certas cobras" seriam a representação visual do vodum Dangbé vinculado à serpente píton do reino de Uidá, uma das mais relevantes divindades públicas do litoral do golfo do Benim. Para o comissário chegar a tanto, ou seja, ao ponto de saber relacionar região de origem (Costa da Mina) e cultura visual (figuras pintadas de cobras), o culto devia ser amplamente praticado pelos africanos com quem convivia e a quem vigiava na comarca de Sabará — embora, como veremos, esse não fosse necessariamente o culto que mobilizava o caso específico de Teresa Rodrigues e Manoel mina, o qual se avizinhava mais de práticas voltadas para a confecção de *bo*.

A produção de conhecimento sobre as práticas culturais africanas e, ao mesmo tempo, a sua estigmatização eram facilitadas pela posição de poder que o comissário Brandão ocupava na cúpula do aparelho repressivo da comarca, a qual lhe dava legitimidade para, em aliança com as forças militares, invadir os locais de culto e vistoriá-los na busca de provas do que ele acreditava ser pacto com o demônio. Quando comandou essa investigação em 1759, já fazia trinta anos que atuava como comissário da Inquisição em Minas.[42] Portanto, seu longo envolvimento no comando das práticas de vigilância e repressão possibilitou que João Soares Brandão acumulasse um denso acervo de referências, a ponto de conceitualizar a materialidade e a visualidade do culto às serpentes, associando-o a grupos afro-ocidentais.

Mas de onde viriam as "figuras de certas cobras"? Quais processos sociais e políticos estão escondidos por trás dos diagnósticos apresentados pelos agentes da repressão?

No reino de Uidá, o vodum Dangbé ligado à serpente píton (*Python regius*) situava-se no primeiro patamar do panteão das divindades de dimensão pública (aquelas de abrangência territorial que transpunham os cultos domésticos ligados aos voduns ancestrais das linhagens e os voduns particulares), como os voduns do trovão, da árvore, do mar e, por fim, *agoye*, ligado a práticas oraculares.[43] O complexo religioso era composto ainda do culto ao *tohuiyo* (ancestral primordial) e, conforme Parés, "diversos sistemas divinatórios (isto é, Bo, Legba, Fá) e práticas de cura, envolvendo uma multiplicidade de objetos de poder pessoais (*bō*)", como já referido.[44]

O culto a Dangbé ganhou projeção em Uidá no contexto da sua independência do reino de Aladá, na década de 1660. As tradições orais registradas pelos viajantes europeus — tais como Jean Barbot (1688), Willem Bosman (1705), Reynaud des Marchais (1724-26) — narram que, numa batalha decisiva entre os dois reinos, a serpente atravessou para o lado do exército de Uidá e, com a intervenção ritual do chefe dos sacerdotes, garantiu seu triunfo. Inicialmente uma divindade estrangeira, a serpente píton foi incorporada como um símbolo daquela vitória.[45] Desde então, seu culto passou a conviver no reino com as famílias de outros voduns públicos. Aos poucos, no entanto, a serpente foi alcançando proeminência em virtude da sua vinculação ao processo de centralização política do reino e do envolvimento da família governante nas cerimônias — o que não significava o abandono do culto ao vodum ancestral da linhagem governante (*tohuiyo* real).[46] A família era responsável pela manutenção do grande templo da serpente píton na capital do reino, Savi, próxima a Uidá, pela dádiva de oferendas a ela e pela organização de uma ampla procissão anual ao seu templo.[47] Além disso, Beti, o grande sacrificador que oficiava a cerimônia e tinha influência sobre o corpo sacerdotal desse vodum, era muito ligado ao centro do poder político.[48] A dimensão política do culto era enfatizada nas cerimônias de coroação do governante, que incluíam a exuberante procissão ao templo da serpente píton liderada pela mãe do governante, acompanhada das esposas, músicos e altos sacerdotes do culto, com a doação de ricas e abundantes oferendas.[49]

A serpente era também largamente cultuada pela população em geral, havendo templos e conventos dedicados a ela em quase todos os vilarejos do reino de Uidá, de onde se trouxeram muitas pessoas para Minas Gerais. Por serem sagradas, as serpentes pítons eram protegidas de maltratos por uma série de tabus que impediam os não iniciados no culto de tocá-las.

O vodum Dangbé era invocado sobretudo para garantir prosperidade e fertilidade agrícola, controle do regime das chuvas e combate a doenças, e para propiciar sucesso militar nas guerras em que o reino de Uidá se envolvesse.[50] Mediavam sua invocação a atuação dos *vodunons* (sacerdotes) e as oferendas à serpente prescritas pelo grande sacrificador do culto (Beti): "bebidas, alimentos variados, carnes, sacrifícios de animais, corais, tecidos e artefatos que circulavam no mercado atlântico".[51]

O processo de iniciação de jovens adolescentes ao vodum Dangbé ocorria sob a responsabilidade de sacerdotisas experientes. Embora ambos os sexos pudessem ser sacerdotes e sacerdotisas desse vodum, apenas as mulheres o incorporavam.[52] O período de reclusão, necessário para aprendizagem das danças, orações cantadas e de outros aspectos relacionados ao culto, durava meses e tendia a coincidir com o ciclo agrícola do milhete e com o ciclo de reprodução da serpente píton.

Cortejo ao vodum serpente Dangbé durante a coroação do rei de Uidá, em imagem do início do século XVIII

Pl. 11 Vol. 3. P. 424.

Perto do final do processo, antes da saída pública, as noviças eram escarificadas com uma multiplicidade de formas, entre elas as figuras de serpentes.[53] O empoderamento das sacerdotisas dedicadas a Dangbé interferia nas posições e relações de gênero vividas pela mulher no matrimônio. Contemporâneos estrangeiros relatavam o respeito dos homens casados pelas vodúnsis da serpente e a maior independência dessas mulheres, que deveriam ser "servidas" pelos maridos, subvertendo a lógica conjugal local.[54]

Após a invasão e conquista de Uidá pelo Daomé em 1727, não se proibiu o culto a Dangbé, mas houve um processo de negociação com suas lideranças para que fosse incorporado ao reino do Daomé numa posição rebaixada do panteão daomeano, submetido ao conjunto centralizador de divindades em cujo topo se encontrava Mawu-Lissá, o par supremo na área vodum.[55] Além disso, o culto ao *tohuiyo* real, considerado o mais antigo vodum da família governante do Daomé e representado pela figura do leopardo, ocuparia lugar de precedência em relação ao conjunto das divindades públicas.[56] Isso nos mostra que o lugar de cada entidade no panteão não era estático e dependia de correlações de forças políticas, visto que o poder era exercido em relação a esse complexo religioso.

Na área vodum da Costa da Mina, assim como em várias regiões da África subsaariana, a vida no mundo visível não é concebida de forma separada do mundo invisível, onde habitam os ancestrais das coletividades familiares (linhagens) de cada pessoa. A interação com esse mundo depende da mediação da vida social e política, em que há uma hierarquia complexa cujas posições mais elevadas são ocupadas por sacerdotes e pessoas mais velhas.[57] O respeito aos mais velhos nas culturas africanas tem a ver com a crença de que estes estão mais próximos do mundo dos ancestrais. A ideologia que legitima o poder político na área vodum associa-se profundamente a essa dimensão. O governante de um reino é aquele que se acha mais perto dos ancestrais e está integrado a um continuum que liga o mundo das chefaturas vivas ao panteão dos ancestrais deificados chamados voduns. Várias divindades são cultuadas como a deificação de lideranças políticas que viveram neste mundo.[58]

Muitos sacerdotes e sacerdotisas de Uidá acabariam sendo deportados para as Américas. É possível que alguns deles, acusados de cultuar o demônio, tenham caído depois nas garras da Inquisição portuguesa ou dos tribunais episcopais. A grande demanda por mão de obra escravizada em Minas Gerais coincidiu e se relacionou justamente com esse contexto de crise política e intensificação do tráfico na região litorânea do golfo do Benim. Milhares de pessoas foram escravizadas na invasão de Uidá em 1727, e muitas foram enviadas ao Brasil pelo "porto" de Ajudá, um dos principais da África Ocidental naquele período. A resistência ao domínio daomeano, com a família real refugiada na região da ilha Popo e do lago Ahémé, persistiu por décadas e, consequentemente, houve mais escravização.[59]

Os grupos étnicos Hueda e Hula de Uidá traficados para o Brasil poderiam ter sua origem ("nação") classificada na documentação colonial de forma genérica como "nação Mina" ou, de modo mais específico, como Mina Courá ou simplesmente como Courá, Courano, Coirá e variantes.[60] Os couranos eram um dos grupos mais presentes entre os afro-ocidentais que viviam na zona aurífera.[61] Isso pode explicar o aparecimento das figuras de cobras na região de Sabará.

O comissário Brandão destaca a dimensão étnica (origem) dos adeptos do culto: "cobras, que alguns dos gentios daquela Costa da Mina adoram por seus deuses";[62] ou seja, nem todos os afro-ocidentais adoravam a serpente, mas "alguns dos gentios". Para eles, o culto seria um elemento que propiciava relações sociais e formação de comunidades. Poderíamos conjeturar até mesmo que os membros do corpo sacerdotal e os devotos seriam facilmente reconhecidos por grupos da Costa da Mina pelas escarificações que tinham recebido na África durante o processo de iniciação. A presença expressiva de couranos em Minas possivelmente viabilizou a difusão e a reinvenção do culto à serpente nos espaços urbanos, incluindo adaptações e transformações relacionadas às disrupturas causadas pelo tráfico, pelas condições de vida na escravidão e por inovações quanto ao uso da flora e fauna brasileiras.

Em seu conjunto, os manuscritos transcritos neste volume revelam que africanos se apropriaram de elementos variados da fauna (bodes, pássaros, sapos, peixes, cobras etc.) e da flora brasileira (árvores, frutas e ervas), minerais, restos mortais recolhidos em cemitérios, tecidos, papéis, artefatos de madeira, cerâmica, aço, ferro, corais, além de búzios, chamados de "dinheiro da Costa da Mina", visto que eram a moeda corrente na baía do Benim.[63] O fato de haver conchas daquela região circulando em Minas dá uma dimensão das longas distâncias alcançadas pelas redes de contatos que eles montavam para a obtenção de suprimentos religiosos que inscreviam e projetavam a estética africana nas montanhas do interior do Sudeste brasileiro.

Voltando ao sumário contra Manoel mina e Teresa Rodrigues, escrito em 1759, é importante observar os detalhes que aparecem nos depoimentos das oito testemunhas ouvidas pela Inquisição. Foram convocados cinco portugueses, uma africana e duas afrodescendentes forras naturais do Brasil (sendo uma "crioula" e uma "parda"). Para adentrarem a intimidade dos africanos, os agentes inquisitoriais procuravam chamar para depor pessoas que residiam com os denunciados e suspeitos, como foi o caso de Bárbara Pacheco, parda forra, que morava com Teresa Rodrigues. Ela disse que Teresa mantinha paus pintados numa caixa e com eles andava "pelos cantos da casa fazendo umas cerimônias botando aguardente do reino com pimenta". Seu depoimento oscila entre a descrição minuciosa do que via e a omissão quanto às intenções dos rituais, afirmando não saber para que eram feitos, talvez com o propósito de não incriminar ainda mais Teresa. Cuidadosamente, tenta também se distanciar de qualquer elemento que apontasse algum engajamento seu nas cerimônias. Informou que "via [Manoel mina] fazer várias diabruras de feitiços e que uma [vez] cozera um galo com certos ingredientes ou gorduras que ela não conhecia". Fez questão de explicar que "quiseram obrigar que comesse, o que ela depoente repugnou, e por isso a quiseram castigar". Os paus pintados não foram encontrados no momento da prisão porque, segundo Bárbara, haviam sido "metidos em um pouco de capim na cerca do quintal" por Teresa.[64]

BO E *BOTCHIO*

Apesar de Brandão supor que Teresa e Manoel, por serem da Costa da Mina, cultuassem figuras de certas cobras, algo que devia ser comum na região de Sabará, os indícios presentes no sumário da Inquisição não permitem concluir que eles mantivessem um culto dedicado à serpente. A afirmação do comissário é muito relevante, mas deve ser interpretada em relação à sua percepção sobre a comunidade Mina em geral, com a qual, como vimos, ele convivia fazia cerca de trinta anos. No que toca ao caso particular de Teresa e Manoel, é preciso notar que o padre não viu com seus próprios olhos os paus pintados. Por serem de origem Mina, ele deduziu, com base em sua larga experiência, que os artefatos eram figuras de cobras que povos daquela região "adoravam". Recorrendo-se à literatura sobre o tema e olhando-se atentamente os depoimentos colhidos, parece ser mais provável que os rituais praticados na casa de Teresa Rodrigues estivessem atrelados à faceta doméstica da religião vodum ligada à confecção de *bo* ou *botchio*. Nas feitorias africanas, os europeus chamavam tais artefatos de fetiche (derivado da palavra portuguesa "feitiço").

Integrantes do sistema de crenças vodum, as atividades rituais que permeavam a confecção de *bo* ou *botchio* não envolviam diretamente um corpo de sacerdotes e conventos, como era o caso, por exemplo, do vodum da serpente do reino de Uidá. Nas palavras de Parés, os *bo* podem ser definidos como "'complexos materiais consagrados' ou 'objetos de poder' com uma pluralidade de funções propiciatórias, preventivas ou maléficas".[65] Já os *botchio* eram "figuras antropomórficas de madeira que podiam constituir um dos elementos do *bo*, mas que não se confundem com os voduns".[66] Para moverem vontades, obterem proteção ou cura, ou promoverem agressão, esses artefatos receberiam sacrifícios que ativariam suas forças e propriedades.[67] Os oficiantes do *bo* ou *botchio* seriam os bokós, que "parecem ter atuado de forma mais independente e individualizada, sem estarem sujeitos a uma organização maior, vivendo dos seus serviços, preparando os 'fetiches que produzem nas casas particulares' e vivendo dos pagamentos que recebiam para isso".[68]

Os "paus pintados" presentes nos rituais de Manoel mina e Teresa Rodrigues poderiam ser os *botchio*, quando consideramos a descrição de sua materialidade, pois os confeccionavam a partir de madeira. Além disso, os *bo* e os *botchio* eram "propriedade de um indivíduo e serviam para seu uso pessoal, mas também podiam ser vendidos e reutilizados por terceiros".[69] O depoimento de Bárbara Pacheco fornece pistas justamente sobre a produção e a circulação de arte sacra das mãos de Manoel para outros africanos e afrodescendentes na região quando ela explica "que o dito Manoel mina tinha também dado dois paus pintados a uma preta por nome Teresa Rigor". Esta morava no arraial do Rio das Pedras e de quando em quando frequentava a casa de Teresa Rodrigues por "ocasião das danças dos feitiços". Certa vez, Bárbara os viu "assarem uma fruta até botaram azeite doce e que deste unguento botaram em cima da coroa da cabeça uns pingos, ela denunciada [Teresa Rodrigues] ao sobredito negro [Manoel mina] e também a sobredita Teresa Rigor".[70]

As ações e práticas de recolha de elementos necessários ao culto estendiam-se pelo espaço urbano. Em seu depoimento, o português Manoel Monteiro Pinho mencionou os rumores que corriam entre brancos, pretos e pardos de que Teresa Rodrigues e Rosa da Silva tinham sido vistas no cemitério da igreja matriz do arraial de Rio das Pedras "a desenterrar um cadáver para lhe tirarem as partes" a fim de "fazerem seus feitiços". Quando a casa foi invadida pelos militares, "se acharam várias [...], raízes, folhas e carne-seca" numa panela que o comissário mandou queimar. Teresa explicou, segundo Tomé Pereira, que os pedaços de carne eram umbigos de criança.[71]

Fica evidente, portanto, a riqueza de informações sobre a materialidade que mediava a comunicação entre as forças que agiam entre o mundo visível e o mundo invisível na cosmovisão e experiência histórica dos povos da Costa da Mina que viviam no interior do Brasil.

ENTRE OS CULTOS VODUNS E A DEVOÇÃO A NOSSA SENHORA DO ROSÁRIO

Os documentos integrantes deste volume mostram diferentes facetas da vida de uma mesma pessoa. Um dos elementos que mais nos chamam a atenção é o trânsito das sacerdotisas entre as devoções católicas negras e as práticas religiosas de origem africana. Para o olhar contemporâneo isso pode parecer contraditório, mas, para os personagens que vivenciaram esses fenômenos, a interação entre os dois universos possivelmente era coerente. É provável que para uma pessoa ser coroada rainha do Rosário fosse importante que ela já ocupasse uma posição de liderança nos cultos africanos e seu papel fosse reconhecido pelas comunidades negras. Ou seja, a posição na Igreja católica remontava a hierarquias forjadas a partir das lógicas africanas mediadas pelo culto vodum.

A reputação de sacerdotes e curadores africanos era também reconhecida por pessoas brancas, que os procuravam para cura ou adivinhação mediante pagamento em ouro em pó, ou em espécie. Isso contribuía para que as lideranças religiosas acumulassem recursos para a compra de suas alforrias. O que os documentos aqui transcritos mostram é que muitas vezes, sentindo-se culpados e aderindo à ideologia da demonização, esses brancos que haviam sido atendidos em momentos de desespero eram os mesmos que denunciavam os africanos à Inquisição. Confessavam e delatavam para não serem acusados ou para abrandarem suas penas. Portanto, embora pudesse haver convivência entre brancos e negros nos cultos, as hierarquias étnico-raciais e sociojurídicas, respaldadas pelas instituições do poder colonial, estavam presentes em suas interações.

Representação do vodum Dan, símbolo da continuidade, nas paredes do palácio daomeano em Abomei, capital do antigo reino do Daomé, atual Benim

Os documentos oferecem indícios acerca dos traços de inovação e adaptação ao novo contexto. Para uma compreensão mais aprofundada desses aspectos, é preciso considerar a dinâmica agregadora que, segundo os especialistas, caracterizaria as práticas religiosas voduns, tornando-as fluidas e abertas à incorporação de elementos novos, sobretudo em contextos marcados por contatos culturais e interétnicos.[72] A ideologia ou a ortodoxia ou a defesa de uma fé pura não eram um valor para eles. Sacerdotisas e sacerdotes podem incorporar elementos externos e inovar os cultos a suas entidades. Por exemplo, nos próprios contextos africanos, havia muito intercâmbio cultural entre a área vodum e a área iorubá ao leste, onde se cultuavam os orixás. No Brasil isso contribuiu para a formação do candomblé jeje-nagô.[73]

Tal dinâmica agregadora pode ser observada na estética da arte vodum, em que são relativamente comuns o acúmulo e a colagem de elementos aparentemente contraditórios ou incompatíveis formando um conjunto coeso.[74] Em razão dessa faceta inclusiva, é possível especular acerca da eventualidade de o culto à serpente nas minas do Brasil ter, de alguma forma, congregado devotos de voduns ofídicos em geral (ou seja, família dos voduns Dan, da qual Dangbé era uma faceta) oriundos do golfo do Benim. Apesar de nenhum deles ser tão disseminado territorialmente como acontecia com a serpente píton em Uidá, a congregação dos voduns Dan (ofídicos) também era conhecida no Daomé e na área Mahi, ao norte.

A mesma dinâmica agregadora da religião vodum poderia explicar também a apropriação seletiva que pessoas da Costa da Mina faziam de elementos do catolicismo a partir dos referenciais africanos e diaspóricos. Isso fica claro no sumário contra as mulheres que organizavam o culto ao Deus da Terra de Courá em Paracatu no ano de 1747. Luiz Mott foi quem primeiro localizou esse documento no Arquivo da Torre do Tombo, em Lisboa, e reconheceu a sua importância.[75] Trata-se de um dos registros mais completos de práticas religiosas de povos da área vodum no Brasil colonial. Suas sacerdotisas de nação Courá incluíam fragmentos em português de orações católicas nos rituais conduzidos em "língua courá". Consta na abertura do sumário que, "depois de estarem juntos, armavam

Documento da Inquisição contra sacerdotisas voduns em Paracatu, Minas Gerais (1747)

uma dança de Tundá, assim chamada, e nela tinham alguns ditos que encontravam a nossa santa fé católica".[76] A "dança" coletiva, também denominada "acotundá",[77] havia sido introduzida no arraial por Josefa Maria, que a praticava em Pernambuco. Ou seja, são múltiplas camadas de significados que vão sendo amalgamadas nas Américas no contexto dos deslocamentos provocados pelo tráfico.

A sacerdotisa-mestra Josefa Maria, "o padre daquela igreja ou casa dos folguedos", explicou a Francisca de Matos, forra natural da Costa da Mina, que o Deus que cultuavam "tinha vindo da Terra de Courá, e que já vinha batizado por Nossa Senhora do Rosário e santo Antônio; que vinha fazer milagres nesta terra de Paracatu".[78] Rosa Pinheira, também forra da Costa da Mina, detalhou ter ouvido no ritual as sacerdotisas contarem que "o santo da sua terra estivera sete anos de joelhos diante de Nossa Senhora do Rosário para lhe dar licença para vir a esta terra".[79] Trata-se de relatos muito raros que nos dão pistas sobre o modo como os africanos estavam interpretando os santos pretos do catolicismo em seus próprios termos. No caso, estariam elas estabelecendo uma equivalência entre, de um lado, a hierarquia dos santos católicos — e, nela, o lugar de proeminência da devoção a Maria na Irmandade do Rosário em posição central — e, de outro, o topo da hierarquia que organizava o lugar das divindades do panteão da religião vodum? A posição elevada da

Virgem católica e de santo Antônio como devoções populares entre escravizados corresponderia, na tradução cultural, ao par Mawu-Lisa[80] do topo do panteão vodum no reino de Uidá? Ou seria o vodum Legba[81] (associado ao Rosário) que intermediara para que o "Deus da sua terra" tivesse licença para ser cultuado no Brasil?

Se havia um movimento de incorporação de Nossa Senhora do Rosário e de santo Antônio, respectivamente padroeira da irmandade negra local e padroeiro católico da matriz de Paracatu, ao culto de origem africana na casa de Josefa Maria, por outro lado, também se relatava que as sacerdotisas e "filhas do Rosário" teriam pedido a Nossa Senhora do Rosário permissão para introduzir o "Deus da sua terra" no arraial de Paracatu e possivelmente também no interior da irmandade. Isso talvez evidencie o processo, a forma de introdução de novos cultos coletivos estrangeiros nas sociedades voduns da África Ocidental, um processo de negociação, oferendas e agregação. Santo Antônio e Nossa Senhora do Rosário eram justamente os dois principais cultos católicos com templos instalados no arraial mineiro. Nessa dimensão, os Courá desejavam que "o Deus da sua terra", talvez um vodum público ou extradoméstico do golfo do Benim, fosse reconhecido como o eram as principais devoções católicas da povoação, o que reforçaria a importância coletiva do vodum celebrado na casa de Josefa Maria.

Os detalhes fornecidos pelo documento nos permitem perceber que o culto era formado por maioria de participantes femininas, sacerdotisas e devotas. Foi instalado no mesmo local de moradia da vodúnsi Josefa Maria, numa área mais afastada do arraial de Paracatu, próxima a um curso d'água, e ocorria com regularidade, sempre aos sábados, reunindo muita gente liberta e escravizada. Dos 22 frequentadores do acotundá citados na denúncia, dezoito eram mulheres; apenas quatro eram homens. Eles exerciam funções subsidiárias na cerimônia, como a produção dos instrumentos musicais, o toque do atabaque e a recolha de ervas e plantas tidas como sagradas. A maior autonomia e mobilidade alcançadas pela alforria transparecem nessa reunião religiosa: nove mulheres foram identificadas como forras (libertas), sete como escravas, uma em processo de libertação e uma sem informação sobre sua condição social; entre os homens, três eram forros e um escravo. Embora agregassem participantes Mina, uma mulher da África Centro-Ocidental e outra identificada como crioula, a celebração era majoritariamente organizada e comandada por mulheres pertencentes a um mesmo grupo procedente do golfo do Benim, na Costa da Mina, que decerto buscavam, em meio à dispersão e à fragmentação promovidas pelo tráfico e pela escravidão, (re)construir o que fosse possível do seu universo religioso e familiar despedaçado no processo diaspórico.

Se a morada de Josefa Maria em Paracatu recebia com regularidade, todo sábado, mulheres e homens em sua maioria libertas e libertos africanos para uma celebração religiosa de matriz vodum, em outras casas de mulheres forras, do grupo Courá, a prática religiosa doméstica de origem africana continuava a acontecer. Algumas dessas sacerdotisas ou devotas do vodum também participavam das reuniões semanais promovidas por Josefa Maria, enquanto mantinham outras obrigações e devoções religiosas particulares em suas residências, quintais, nas matas e cursos d'água, o que revela certa importância da autonomia alcançada pela alforria no tempo e espaço disponibilizado para organização de suas práticas devocionais. No manuscrito de Paracatu, Teresa, nação Courá, "preta forra" moradora num arraial próximo, foi denunciada por outra liberta também natural da Costa da Mina, pois em sua moradia igualmente "se fazia folguedo e se festejava o Deus da sua terra".[82]

Na região central de Minas Gerais, em Itabira do Campo (comarca de Vila Rica), a trajetória da liberta Ângela Maria Gomes, padeira, também da nação Courá e senhora da sua casa como a sacerdotisa Josefa Maria em Paracatu, reforça o intenso trânsito religioso de africanas da Costa da Mina entre o culto vodum e o culto católico. Num momento de declínio da extração aurífera naquela povoação, homens brancos passaram a perseguir Ângela Maria Gomes e a denunciaram à

Árvore sagrada Iroko (ou *Milicia excelsa*), presente na região sul do Benim. No Brasil oitocentista, vodum Loko e orixá Iroko estavam geralmente associados à gameleira

Inquisição como a mais poderosa feiticeira do arraial, desempenhando a função de sacerdotisa-mestra de um grupo de mulheres que faziam rituais em torno de uma gameleira, possivelmente cultuando o vodum Loko,[83] e também promovendo batuques semanais em sua moradia na década de 1750.

Por outro lado, ao investigarmos os livros da Irmandade de Nossa Senhora do Rosário dos Pretos de Itabira do Campo, sobressai o vibrante papel de Ângela Maria Gomes como devota e destacada rainha do Rosário, trabalhando ativamente nas decisões da mesa de direção da confraria católica, como promotora e financiadora da festa de sua padroeira em 1772, o que pode ser visto no terceiro conjunto de documentos deste volume. Essa atuação refletia sua liderança e a autoridade que alcançou.

Na capela dessa associação religiosa, instalada em belo outeiro, Ângela Gomes foi eleita e coroada rainha em 1751/1752 e 1771/1772. Ela consentiu e apoiou o ingresso de sua escrava Ana como irmã da confraria e ofereceu "uma vara de prata" quando Ana foi eleita para o posto de juíza na mesa de administração da irmandade. É como devota e rainha que Ângela Gomes deixa bens imóveis para a confraria como sua última vontade, o que revela o valor daquele espaço associativo para essa africana Mina.[84] Em Minas Gerais, ela incorporou os "voduns dos brancos" ao universo religioso inclusivo e dinâmico de sua terra natal e se destacou como filha do Rosário. É possível que sua liderança na irmandade católica e o trânsito religioso entre esses dois mundos tenham provocado o ódio de homens brancos, alguns deles também irmãos do Rosário dos Pretos de Itabira do Campo, que a denunciaram aos familiares e ao comissário do Santo Ofício.

Para essa africana e demais indivíduos provenientes da área vodum, a devoção, o temor e o respeito às divindades e mesmo a incorporação de novas deidades, fossem voduns ou santos católicos, ou de outra prática considerada sagrada/mágica, potencializavam o contato com o mundo invisível e maior proteção e caminhos abertos no mundo visível. Orar, cantar, dançar e dar de comer ao vodum ou honrar Nossa Senhora do Rosário não era visto como contraditório, e sim como parte do universo religioso dinâmico, aberto e agregador de sua terra natal.

Como Ângela Maria Gomes e Josefa Maria, muitas africanas e africanos participaram ativamente na fundação de devoções aos santos católicos. Algumas dessas devoções passaram a se constituir com algum grau de organização e acabaram por se formalizar como irmandades religiosas. Muitas delas

À direita, termo de organização da festa do Rosário com assinatura e contribuição da rainha Ângela Maria Gomes. Acima, detalhe da assinatura

Termo que fizeram [illegible] Irmãs da Irmandade de Nossa Senhora do Rosario dos Pretos
em [illegible] Irmandade da [illegible]

Aos vinte dias do mez de Abril de mil e sette sentos e se-
tenta e dous, estando nesta Capella de Nossa Senhora do Rozario
dos [illegible] estando prezentes em Meza [illegible]
Vainha Angela Maria Gomes [illegible] Juizes
[illegible] da mesma Irmandade, estando tambem prezentes
mais [illegible] Procurador digo como Zelador, e sendo [illegible]
[illegible] Procurador [illegible] Joze [illegible] dos Reys
[illegible] observando [illegible]
[illegible] situa [illegible] com [illegible]
para a Virgem Mãe de Deos como titulo de Rozario [illegible]
que [illegible] Rey não [illegible] [illegible]
[illegible] avia informação que [illegible] que determinasse [illegible]
[illegible] ditos [illegible]
[illegible] que [illegible]
[illegible] mais [illegible]
[illegible] era justo
[illegible] o termo [illegible]
[illegible]
[illegible] determinarão [illegible] deste termo em [illegible]
[illegible] que assigney

Angela Maria Gomes

[illegible] de Souza [illegible] Joze Roiz dos Reys

Signal de [illegible] + [illegible]

Signal de [illegible] + [illegible] Felix da costa dia[illegible]

Capela do Rosário de Itabirito, onde a rainha Ângela Maria Gomes foi coroada

instituíram altares nas matrizes dos arraiais e vilas mineiras e, ao se expandirem, buscaram maior autonomia, com a construção de templos próprios, erguendo capelas e igrejas em honra aos seus padroeiros. Em tais confrarias, mulheres africanas tiveram papéis destacados e puderam ser eleitas também para os cargos de direção das irmandades. Contribuíram com o pagamento de taxa de entrada, de anuais, além de esmolas doadas quando eram escolhidas para funções na mesa de direção ou na corte festiva; de outras doações ou arrecadação entre os fiéis para a manutenção dos cultos, contratação de capelão, promoção das festividades, assistência

Cortejo da rainha negra na festa de Reis, por Carlos Julião

caritativa, apoio aos confrades doentes, e para a edificação e ornamentação dos templos. Como a rainha Ângela Maria Gomes, poderiam deixar em testamento esmolas e legados pios para suas confrarias e outras devoções católicas. Essas associações religiosas católicas tinham importância na vida de mulheres e homens nascidos na África, pois possibilitavam um lugar de reunião e de associação permitido e incentivado pelo poder colonial — como instrumento de propagação da fé e controle dos corpos.[85] Nas igrejas e capelas, reforçaram antigos laços e ainda puderam desenvolver novas relações sociais, alianças de parentescos, solidariedades e dar assistência e enterramento digno para as irmãs e irmãos. Além de caminho para certa distinção social, foram lugares de afirmação e construção de autoridade.

Os templos das irmandades de Nossa Senhora do Rosário dos Pretos foram muito populares em Minas Gerais, e os encontramos em muitas de suas vilas e povoações.[86] Algumas dessas devoções internas poderiam também se organizar oficialmente como confrarias, com estatutos aprovados pelo Estado português e com eleições anuais para mesas de direção próprias. Na Irmandade de Nossa Senhora do Rosário dos Pretos da freguesia do Pilar em Vila Rica, uma das três confrarias dedicadas a essa padroeira na então capital de Minas, por exemplo, na década de 1760 havia eleições para as seguintes funções: protetor da irmandade, geralmente o governador da capitania ou outra autoridade civil ou eclesiástica; rei e rainha da confraria; príncipe; princesa; guarda-coroa e aias; juízes e juízas; escrivão; tesoureiro; procurador; irmãos e irmãs de mesa; juiz e juíza por devoção; andador; zelador das caixinhas. Além da mesa diretiva principal, eram eleitos juízes, juízas, irmãos e irmãs de mesa; juiz e juíza por devoção e/ou zelador para as devoções a santa Efigênia, são Benedito, santo Elesbão e santo Antônio de Categeró — outras devoções internas cultuadas.[87] Tal estrutura, além de constituir um extenso corpo hierárquico ao sair nas processões religiosas, contribuía para a arrecadação de recursos financeiros para as diversas atividades da irmandade, como as festividades em honra aos oragos e na construção e ornamentação do templo.[88]

Assim como a rainha Ângela Maria Gomes, muitas mulheres da Costa da Mina tiveram papel singular nas confrarias formadas por africanos e descendentes, ocupando postos de honra como rainhas e princesas nas cortes festivas e dirigindo o dia a dia das associações ao preencher os cargos de irmãs de mesa e de juízas das irmandades, mesmo num cenário profundamente masculino do universo das sociedades mineradoras, refletido também no interior dessas associações religiosas. Foi o que aconteceu com a preta forra Mina Joana Marques dos Reis, destacada irmã de mesa por dez vezes e, em duas ocasiões, juíza de Nossa Senhora do Rosário do Pilar, em Ouro Preto. No livro de entrada da referida irmandade, ela consta como irmã matriculada, em 1743, e logo abaixo aparece o extraordinário número de treze escravos de sua casa também filiados ao longo do século, sendo cinco deles posteriormente registrados que haviam passado da escravidão para a liberdade.[89] Tornavam-se igualmente "filhos do Rosário" e de santos católicos, em especial do "glorioso são Benedito" e de "santa Efigênia, princesa da Núbia". Esse pequeno séquito da casa da liberta africana Joana Marques reuniu parte de indivíduos vindos da área vodum na Irmandade do Rosário, o que por certo lembraria em alguma medida a preparação e a organização de base familiar ao culto dos voduns das linhagens ou os eventos públicos e extradomésticos de suas terras natais.

Em Minas Gerais, o perfil das pessoas filiadas às irmandades de Nossa Senhora do Rosário dos Pretos estava ligado ao grande número de africanos trazidos da Costa da Mina. Mesmo após o decréscimo demográfico desse grupo, as pretas forras do golfo do Benim continuaram a ter papel de destaque na direção de algumas dessas agremiações. Em Salvador e no Rio de Janeiro, encontramos uma situação diversa. Naquelas cidades, as pessoas da África Centro-Ocidental (Congo e Angola) prevaleciam nas irmandades do Rosário.[90] De modo geral, apesar da predominância Mina em seus quadros, notamos que as associações mineiras eram bastante inclusivas, pois permitiam a entrada de grupos oriundos de diversas partes do continente africano. Além disso, abrigavam ainda crioulos, filhos de africanos nascidos no Brasil, muitos deles já confrades, e por vezes homens e mulheres brancos.

Em Vila Rica de Ouro Preto e Mariana, foi marcante a presença de africanas da Costa da Mina nas irmandades de Nossa Senhora do Rosário dos Pretos, em cujos postos de poder exerciam inclusive forte influência.[91] Nessas associações elas poderiam eleger e ser eleitas, organizar festividades, tomar parte na arrecadação de fundos nas povoações e prestar assistência aos irmãos e irmãs da confraria. A liberta Mina

Antigas igrejas das irmandades do Rosário dos Pretos de Vila Rica:
a da freguesia do Pilar (em cima) e a igreja do Rosário da freguesia de Antônio
Dias (atual igreja de Santa Efigênia)

Luísa Felizarda da Glória, moradora em Vila Rica de Ouro Preto, teve intensa vida associativa, até conseguir adquirir sua nova casa, parte térrea, parte assobradada, no entorno da Ponte do Rosário, próximo à igreja onde era irmã de compromisso. Conhecemos fragmentos da sua participação em confrarias. Ela teria entrado na Irmandade do Rosário da freguesia do Pilar em 1738, quando ainda se encontrava na escravidão. Nos livros de eleição de 1760, consta que Luísa teria ocupado a mesa de direção algumas vezes na função de irmã de mesa e também como juíza da principal devoção por três vezes, juíza de Santo Antônio de Categeró em 1769-1770, até se tornar juíza perpétua de Santa Efigênia.[92] Ao ditar seu testamento, lembrava-se com orgulho de ter sido juíza cinco vezes, o que reforçava o pedido dos sufrágios por sua alma e para ser acompanhada por suas duas principais confrarias, a de Nossa Senhora do Rosário e a de Santa Efigênia, instaladas na mesma capela, como lhe era de direito. Doou recursos outrossim às irmandades de homens brancos, à do Santíssimo Sacramento, à de Nossa Senhora do Pilar e à sua outra irmandade, a de Santo Antônio de Lisboa, e declarou constituir sua "última vontade ser enterrada na referida capela do Rosário" em Vila Rica.[93] Como havia sido juíza, Luísa Felizarda teria como derradeira morada as tumbas da capela-mor, espaço privilegiado na hierarquia do templo católico.[94]

Outra africana da Costa da Mina, a também courana Maria Ferreira do Rosário, chegou a Ouro Preto depois de morar e ter sido batizada em Salvador, na Bahia. Na então capital mineira, Maria Ferreira viveu como escrava e conseguiu conquistar a alforria negociando-a e pagando por ela. Em 1760, quando ditou seu testamento, ela era irmã de compromisso da outra igreja dedicada ao Rosário em Vila Rica, instalada em belíssimo outeiro e conhecida como Rosário do Alto da Cruz, na freguesia de Antônio Dias (atual igreja de Santa Efigênia). No testamento pediu que fosse amortalhada no hábito de são Francisco, velada na matriz de Nossa Senhora da Conceição de Antônio Dias e sepultada na igreja da Irmandade do Rosário, da qual fora juíza.[95]

Também proveniente da área vodum, a liberta Ana Florinda da Ressurreição participou por quatorze vezes da mesa de direção da Irmandade do Rosário de Mariana e de sua corte festiva. Tornou-se irmã de mesa, juíza, até ser coroada rainha, cargo de grande prestígio.[96] Na mesma agremiação, a confreira Inácia Pereira da Assunção, liberta de nação Fon, veio a ser juíza e rainha do Rosário e, quando faleceu, além do pagamento de anuais que devia, legou à confraria muitas oitavas de ouro, especialmente a Nossa Senhora do Rosário e ainda a santa Efigênia e são Benedito, conforme vemos no manuscrito de seu testamento publicado neste volume. Os recursos destinados por Inácia vinham do trabalho de seus numerosos escravos em suas duas lavras de extração de ouro. Outras trajetórias de mulheres africanas nessa confraria indicam que foram muitas as que alcançaram o principal posto de direção da irmandade, o de juíza, antes de serem coroadas na realeza do Rosário.

CONSIDERAÇÕES FINAIS

Apesar da força da máquina de vigilância e repressão, as africanas e os africanos desenvolveram estratégias de resistência que possibilitaram a continuação da celebração de suas divindades e ancestrais. Não se tratava de uma continuidade intacta, porque a forma de praticar os cultos carrega as marcas da violência, as negociações e adaptações ao novo contexto, e as influências e trocas culturais entre diversos grupos africanos e também com o catolicismo. A descrição das práticas presentes nos documentos inquisitoriais em tais cultos, quando comparadas às daqueles voduns na África Ocidental, indica uma série de transformações. Por exemplo, os cultos são deslocados para as periferias dos arraiais e para locais onde o rufar dos tambores não poderia ser facilmente ouvido; ao passo que na Costa da Mina eles ocupavam o centro do território das comunidades.

No processo de escravização, as pessoas eram arrancadas do mundo social, sendo uma das facetas dessa violência a ruptura dos seus vínculos com indivíduos mais velhos e sacerdotes, que eram importantes para os cultos que mediavam suas relações com os ancestrais e organizavam a vida cotidiana. Talvez por isso em Minas Gerais fosse fundamental para essas pessoas, de alguma maneira, compor novos laços sociais que propiciariam a reposição possível de algum nível de conexão com a ancestralidade. Como a escravização foi intensa na região da Costa da Mina na época da mineração, muitos indivíduos vieram da mesma zona, o que facilitava certa recomposição de suas culturas e a interpretação do novo mundo, porque falavam a mesma língua ou línguas intercompreensíveis em algum grau; sabiam ler a complexidade das escarificações na pele de cada um e localizar iniciados em cultos específicos que eram relevantes para todos eles; e compreendiam os significados dos símbolos.

Outra transformação social diz respeito ao papel das mulheres no culto vodum no Brasil colonial. Embora diminutas ante o contingente de homens escravos, a inserção feminina na economia das sociedades mineiras possibilitou a algumas das mulheres Mina relativo êxito econômico, que garantiu a compra da alforria, a aquisição de escravos e a construção de moradias próprias. Essa maior liberdade ensejou um lugar de reunião e espaço mais autônomo para a continuação de suas práticas religiosas individuais e/ou coletivas de diversas dimensões, o que poderia lembrar aquilo que se passou com africanas falantes de iorubá na liderança de suas casas religiosas no século XIX, na Bahia ou na "Casa das Minas", fundada por vodúnsis no Maranhão. Isso pode ter provocado também alterações nas hierarquias do culto vodum, com a ampliação do compromisso religioso das mulheres na diáspora.

É importante lembrar que tais inovações e diálogos aconteciam a partir de lógicas africanas. A maioria das sacerdotisas e sacerdotes apanhados pela Inquisição, quando foram deportados para o Brasil, já tinham passado por algum processo de formação religiosa em suas terras de origem, pois chegavam adolescentes ou adultos, embora crianças também sempre fossem traficadas nessa região.

Em suma, esperamos que os manuscritos publicados neste volume contribuam para situar Minas Gerais nos circuitos mais amplos da diáspora em que a religião vodum desempenhou papel fundamental na vida de africanos e africanas.

ANEXOS

Registro da rainha Inácia Pereira da Assunção na Irmandade do Rosário de Mariana, 1764[1]

[...]

Inácia Pereira da Assunção preta forra de nação Mina e de presente moradora no arraial do Bacalhau que serviu de juíza nesta irmandade e de rainha no ano de mil setecentos e sessenta e um, e por se não achar assento de sua entrada se lhe faz este termo, e por ele se sujeitou aos capítulos do compromisso e de como assim o disse assinou aqui. Mariana, 28 de dezembro de 1764.

[assinatura] Sinal de Inácia + Per.a da Assunção

[...]

Testamento de Inácia Pereira da Assunção, rainha e juíza do Rosário, 1757[2]

Registro do testamento com que faleceu Inácia Pereira da Assunção falecida no arraial do Bacalhau freguesia de Guarapiranga aos vinte dias do mês de janeiro de mil setecentos e sessenta e seis de quem é testamenteiro Custódio de Sá Ferreira em Vila Rica do Ouro Preto

Em nome da Santíssima Trindade Padre Filho Espírito Santo três pessoas distintas e um só Deus verdadeiro, saibam quantos estes instrumentos virem como no ano do nascimento de Nosso Senhor Jesus Cristo de mil setecentos e cinquenta e sete, no primeiro dia do mês de março do dito ano nesta cidade Mariana, onde eu Inácia Pereira da Assunção fui vinda estando em meu perfeito juízo e entendimento que Nosso Senhor me deu e com saúde temendo-me da morte e desejando pôr minha alma no caminho da salvação, por não saber o que Nosso Senhor de mim quer fazer e quando será servido levar-me para si, faço este meu testamento na forma seguinte.

Primeiramente encomendo a minha alma à Santíssima Trindade que a criou e rogo ao eterno Pai que pela morte do seu Unigênito filho a queira receber assim como recebeu a sua, estando para expirar na árvore da Vera Cruz, e [a]o meu Senhor Jesus Cristo peço por suas divinas chagas que já que nesta vida me fez mercê de dar seu precioso sangue e merecimento de seus trabalhos me faça também mercê na vida que espero de dar o prêmio deles que é a glória, e peço, e rogo à Virgem Maria Senhora Nossa Madre de Deus e a todos os santos da Corte Celestial, especialmente ao Santo Anjo da minha guarda e ao patriarca do meu nome santo Inácio, queiram por mim interceder, e rogar a meu Senhor Jesus Cristo, agora e quando minha alma de meu corpo sair porque como verdadeira cristã protesto de viver, e morrer na santa fé católica, e crer tudo o que tem e ensina a Santa Madre Igreja de Roma, e nesta fé espero salvar minha alma não por meus merecimentos mas sim pelos da Santíssima Paixão do Unigênito Filho de Deus.

Item peço e rogo ao senhor Manoel Pereira de Souza em primeiro lugar, e em segundo ao senhor capitão Custódio de Sá Ferreira, ambos moradores em Vila Rica do Ouro Preto, e em terceiro lugar à Irmandade de Nossa Senhora do Rosário dos Pretos desta cidade, queiram por serviço de Deus e por me fazerem mercê serem meus testamenteiros cada um *de per si in solidum*, na mesma forma que a que vão declarados para que quando o primeiro não aceite irem sucedendo os mais aos quais e a todos os que declaro [ilegível], e abonados ainda no caso de o não serem para efeito de os não poderem, obrigarem a darem fiança alguma para tomarem conta de meus bens e deles disporem como lhes ordeno.

Meu corpo será amortalhado, no hábito que tenho guardado para seu efeito de Nossa Senhora do Monte do Carmo, e depois se meu falecimento for nesta cidade, quero ser [corroído] sepultada na capela de Nossa Senhora do Rosário dos Pretos, de quem sou irmã, e se morrer na freguesia em que ao presente assisto, da Piranga, então é minha vontade ser sepultada na capela de Nossa Senhora do Rosário que mais perto for da paragem em que suceder o meu óbito, havendo nela a dita capela e irmandade como há, e quando meu falecimento seja em outra paragem peço pelo amor de Deus que se dê o meu corpo à sepultura que mais cômoda for, em falta das declaradas dando-se por esmola dela o que for costume.

Item ordene e manda se me façam três ofícios por minha alma na freguesia em que for o meu falecimento, sendo o primeiro de corpo presente, podendo ser os outros dentro no termo de oito dias, e que a eles assistam, e no de corpo presente até vinte padres e nos outros dois até o número de doze sacerdotes que dirão missas por minha alma nas ditas ocasiões que se me fizerem os ofícios e que todos os sacerdotes que quiserem dizer missa pela minha alma de corpo presente na freguesia em que suceder o meu óbito, meu testamenteiro lhe dará de esmola cada um três quartos de ouro.

Item declaro que sou irmã da Irmandade de Nossa Senhora do Rosário dos Pretos desta cidade de Mariana, donde já fui juíza, e por isso peço à dita irmandade que acompanhe meu corpo, e me façam os sufrágios que manda o compromisso, e que meu testamenteiro lhe pague todos os anuais que eu dever, além dos quais lhe dará mais trinta e duas oitavas de ouro que deixo de esmola à mesma Senhora e irmandade.

Item declaro que deixo mais de esmola à gloriosa santa Efigênia da mesma capela de Nossa Senhora desta cidade dezesseis oitavas de ouro; e também deixo mais de esmola ao glorioso são Benedito na dita capela dezesseis oitavas, e deixo mais a santo Antônio da capela do Bacalhau donde ora assisto dezesseis oitavas.

Item declaro que é minha vontade que meu corpo seja levado à sepultura pela Irmandade das Almas que quero me acompanhe, e dê a sua tumba se for meu falecimento nesta cidade de Mariana e quando suceda em outra paragem acompanhar-me-á e fará o mesmo a irmandade que for da freguesia em que falecer, e se lhe dará a esmola costumada de tumba e o acompanhamento.

Item declaro que é minha vontade de que se meu falecimento for nesta cidade que me acompanhe também a Irmandade de Nossa Senhora da Conceição, pelo qual trabalho lhe deixo de esmola vinte oitavas de ouro, e pela esmola que deixo a são Benedito, e santa Efigênia quero que sendo-lhe lícito acompanhe também ao meu corpo.

Item declaro que é minha vontade que se digam por minha alma oitocentas missas, e pelas almas do purgatório se digam cem missas, e pela alma do defunto meu senhor que foi Baltazar Ferreira Borges, mando que se digam cem missas e faça um ofício com treze sacerdotes em que entrará o reverendo pároco, e lhe dará meu testamenteiro por esmola do dito ofício a que se costumar.

Item declaro que sou natural da Costa da Mina,[3] e que sou solteira, e que não tenho filho algum nem herdeiros ao presente forçados descendentes, nem ascendentes. Item declaro que em todo o monte de minha fazenda há o seguinte que [a]o presente possuo, em Mata Cavalos desta cidade uma morada de casas cercada à roda, com seu bananal e alguns pés de laranjeiras, possuo mais uma roça com sua lavra no reduto e distrito do Bacalhau na paragem chamada Inácio Dias, o qual sítio e lavras é [sic] de sociedade igualmente em tudo com João Luís de Azevedo: possuo mais os escravos seguintes, Bernardo sabaru que terá de idade quarenta anos, Gonçalo sabaru que terá de idade vinte e seis anos, João mina que terá de idade quarenta anos, Domingos benguela que terá de idade vinte e cinco anos, Domingos benguela que terá de idade vinte anos, Esperança sabaru que terá de idade vinte e sete anos, Josefa courá que terá de idade trinta e cinco anos, Teresa crioula que terá de idade quinze anos, Joana fon que terá de idade dezoito anos, e Sebastião sabaru sem sinal algum que terá de idade vinte e oito anos, Inácio crioulo que terá de idade três anos e meio, Maria crioula que terá de idade dois anos, Ana crioula que terá de idade um ano. Declaro mais que possuo duzentas oitavas de ouro lavrado, em várias peças em que entram um par de brincos [rucecler?][4] de diamantes.

Item declaro que o meu crioulo Inácio filho de Joana minha escrava, por ser o primeiro que me nasceu em casa e criei com amor de filho por esmola que lhe faço o deixo forro sem pensão alguma mais que a de meu testamenteiro o acabar de criar, e educar até lhe poder mandar ensinar algum ofício por que se possa sustentar para o diante. Declaro que deixo de esmola a uma filha de Gabriel Pereira de Sá chamada Rosa cinquenta oitavas de ouro no caso que a dita senhora seja freira ou recolhida, meu testamenteiro lhe mandará dar a dita esmola.

Item declaro que deixo a uma irmã de meu senhor que foi o defunto Baltazar Ferreira Borges que vive no estado de solteira em companhia de outro seu irmão abade na vila de Guimarães uma libra de ouro que lhe mandará dar e entregar meu testamenteiro, e sendo a dita falecida é minha vontade que passe a dita libra de ouro que lhe deixava de esmola a uma das sobrinhas do dito meu senhor que mais pobre for. Item ordeno que no dia do meu falecimento se dê de esmola de doze vinténs de ouro a cada um de trinta pobres a quem a deixo. Item declaro que deixo de esmola para os lugares da Terra Santa [Margem direita: Terra Santa] doze oitavas que meu testamenteiro entregará ao síndico da dita ordem. Item declaro que minha sobrinha Maria casada com Domingos João nesta cidade tem uma filha chamada Joana que terá de idade ao presente oito anos, lhe deixo para ajuda do seu dote e casamento cinquenta oitavas de ouro que meu testamenteiro lhe entregará logo que casar, conquanto o não fizer acabado que for o tempo que lhe deixo para dar conta de meu testamento para o dito ouro, em depósito no cofre dos órfãos donde a dita o poderá tirar sem mais despesa que o [sic] que fizer com a certidão do pároco que a casar, e quando a dita faleça sem tomar estado de casada poderá levantar a dita esmola sua mãe se viva for e em sua falta pertencerá à parenta mais chegada que a dita minha sobrinha tiver. Item declaro que é minha vontade que toda a roupa de meu uso que por meu falecimento se achar se dê de esmola às mulheres mais pobres que houver na freguesia em que eu falecer e os mais bens que se acharem de vacas e cavalos meu testamenteiro os venderá para do seu produto satisfazer as minhas disposições.

Item declaro que o meu escravo Bernardo deixo quartado em cento e sessenta oitavas de ouro para sua liberdade, se fizer quatro pagamentos em quatro anos de quarenta oitavas de ouro cada um ano que lhe concedo para dar a dita quantia, a qual satisfeita meu testamenteiro lhe passará carta de alforria, e quando não dê a dita quantia toda no dito tempo, para algum resto que lhe faltar lhe concedo mais um ano para o pagar. Item declaro que também deixo quartado Gonçalo por duas libras de ouro para [estar] pela sua liberdade no tempo que lhe concedo de quatro anos, em que será obrigado de fazer pagamento em cada um ano de meia libra de ouro, e se no fim dos quatro anos lhe faltar alguma pequena quantia para completar o preço de sua liberdade lhe concedo mais um ano para acabar de pagar. Na mesma forma deixo quartado também um meu escravo João mina para dar pela sua liberdade cento e sessenta oitavas, e no mesmo tempo e forma dos outros fazer os pagamentos a respeito do que em cada ano lhe tocar, ao que satisfazendo meu testamenteiro lhe passará carta de liberdade. Item declaro que também a minha escrava Josefa deixo quartada pela quantia de uma libra e dez oitavas de ouro que há de pagar pela sua liberdade e no mesmo tempo, e forma que dou aos outros quartos [sic] para pagar *pro rata* o que em cada um ano lhe tocar do preço porque o quarto.[5]

Item declaro que sou devedora ao capitão Custódio de Sá Ferreira de duas libras de ouro por crédito que lhe passei do negro Sebastião que lhe comprei, pertencente à herança do defunto meu senhor que foi. Declaro que devo mais a Mateus Francisco quinze ou vinte oitavas ou o que melhor constar do seu livro de razão. Declaro que também devo a Manoel Teixeira e seu sócio que foi dezesseis oitavas, e três quartos de ouro como melhor há de constar do seu livro de razão donde lhe hei de dever mais sete ou oito oitavas de outra conta mais moderna de fazenda que com ele fiz de fazenda que lhe comprei. Declaro que devo mais a Manoel Pereira Alvim o que constar de um crédito que lhe passei. Declaro que devo mais a Manoel Luís Sampaio trinta e sete oitavas de ouro de dois anos de aluguéis de casas, vinte e quatro oitavas de ouro, e treze de resto de um crédito que lhe passei. Declaro que devo mais a Antônio Gonçalves Vila Nova vinte e duas oitavas de ouro procedidas de um cavalo que lhe comprei, como há de constar de um crédito que lhe passei. Declaro que devo mais ao padre Manoel Fernandes Sampaio quarenta oitavas de ouro por um crédito que lhe passei de missas que lhe mandei dizer pelas almas, de que há de passar certidão quando for pago. Declaro que eu devo a Antônio José Carneiro oito ou dez oitavas de ouro ou [o] que melhor constar do seu livro de razão. Declaro que também devo a João de Miranda de ferragens tanto ou quanto constar no tempo do meu falecimento.

Item declaro que as referidas dívidas devo no tempo presente e mais alguma que me poderá esquecer e como Nosso Senhor me pode dar ainda muitos anos de vida poderei neles pagar estas que declaro e dever outras, meu testamenteiro que for ao tempo de meu falecimento examinará o que eu devo e tiver pago [sic] para conforme lhe constar satisfazer a quem eu dever com a menor despesa de justiça que puder ser. Item declaro que nomeio e instituo por minha herdeira universal de tudo o que depois de pagas as minhas dívidas e satisfeitos os meus legados sobejar a minha alma pela qual ordeno se despenda em sufrágios e missas todo o remanescente que sobrar das minhas disposições e legados que deixo. E para satisfazer meus legados o [sic] de coisas pias aqui declaradas, e dar expediente a tudo o que neste meu testamento ordeno, torno a pedir ao senhor Manoel Pereira de Souza e ao senhor capitão Custódio de Sá Ferreira e à Irmandade de Nossa Senhora do Rosário dos Pretos desta cidade que por serviço de Deus Nosso Senhor, e por me fazerem mercê o que deles aceitar queira ser meu testamenteiro, e testamenteiros como no princípio deste testamento lhes pedi, a qualquer deles for, dou todos os poderes que em direito posso para dos meus bens tomarem conta e venderão o que necessário for para meu enterramento, e cumprimento de meus legados e pagas de minhas dívidas, aos quais meus testamenteiros faço meus procuradores benfeitores e curadores de meus bens, e lhes concedo o tempo de seis anos para dentro deles não serem obrigados a dar contas algumas de meu testamento, e poderão vender tanto em praça como fora dela toda a minha fazenda para melhor aumento dela, e lhe dou pelo trabalho que qualquer deles há de ter com as disposições do meu testamento duzentos mil-réis que lhe deixo pelo mais bem-parado dos meus bens. E rogo e peço as Justiças de Sua Majestade que Deus guarde assim, eclesiásticas como secular[es] o façam cumprir, e guardar assim, e da maneira que nele se contém, e declara, e do modo que por meus testamenteiros lhe for requerido, e por este derrogo outro qualquer testamento que antes deste tenha feito que até o presente me não lembro fizesse mais do que um que abri e rasguei ao fazer deste, porque quero que só este seja firme, e valioso e valha do mesmo modo, e maneira que nele declaro como minha última vontade que é, e por querer que se cumpra como nele se contém pedi, e roguei a Manoel de Miranda Costa que me escrevesse conforme a minha vontade e disposições que lhe ditei, e porque ele o escreveu, e depois o mandei ler, e achei conforme com a minha vontade por eu ser mulher, e não saber escrever, lhe pedi que a meu rogo o assinasse, e o fizesse também como testemunha e o mesmo torno a pedir ao tabelião, este testamento há de aprovar para que o assine por mim.

Cidade Mariana, a primeiro de março de mil setecentos e cinquenta e sete. Assino a rogo da testadora Inácia Pereira da Assunção, e como testemunha Manoel de Miranda e Costa. Aprovação. Saibam quantos este público instrumento de aprovação de testamento última, e derradeira vontade ou como em direito melhor nome, e lugar haja virem que sendo no ano do nascimento de Nosso Senhor Jesus Cristo de mil setecentos e cinquenta e sete anos aos dois dias do mês de março do dito ano nesta cidade Mariana, no meu escritório apareceu presente Inácia Pereira da Assunção moradora no Bacalhau freguesia de Guarapiranga termo desta cidade, pessoa reconhecida de mim tabelião pela própria de que dou fé, em seu juízo perfeito e entendimento segundo o parecer de mim tabelião e testemunhas ao diante nomeados, e assinados à vista das respostas que me deu às perguntas que lhe fiz, e logo das suas mãos às minhas me foi dado este papel escrito em quatro meias folhas que ocupam sete laudas, dizendo-me que este era o seu solene testamento última e derradeira vontade o qual mandara escrever por Manoel de Miranda e Costa, e depois de escrito lhe lera palavra por palavra pelo achar a seu gosto conforme ela testadora o ditara e assinara a seu rogo por não saber escrever como testemunha e que por este revoga todos e quaisquer testamentos ou codicilos que antes deste haja feito porquanto só quer que o presente tenha força e vigor por assim ser sua última e derradeira vontade, e pede e roga as justiças de Sua Majestade assim seculares como eclesiásticas este testamento cumpram, e façam cumprir como nele se contém e declara, e a mim tabelião requeria lho aprovasse o qual vi corri pelos olhos e pelo achar sem vício borrão ou entrelinha nem coisa que dúvida faça o numerei e rubriquei com a minha rubrica que diz — Oliveira — e o aprovo e dei por aprovado tanto quanto em direito devo posso e sou obrigado por razão do meu ofício, sendo testemunhas presentes o alferes Miguel Peixoto de Araújo, Pedro da Costa Magalhães, Caetan[o] Pereira, Manoel Teixeira, Manoel Varela da Fonseca, moradores nesta cidade maiores de quatorze anos que assinaram Custódio Pereira da Rocha desta cidade que assinou a rogo da testadora por dizer não sabia escrever, de que dou fé depois desta aprovação lhe ser lida por mim Joaquim José de Oliveira tabelião o escrevi, e assinei em público, e raso em testemunha de verdade lugar do sinal público. Joaquim José de Oliveira — a rogo da testadora Inácia Pereira da Assunção: Custódio Pereira da Rocha — Pedro da Costa Magalhães — Miguel Peixoto de Araújo — Caetano Pereira — Manoel Varela da Fonseca — Manoel Teixeira.

[Margem esquerda: Despacho]

Cumpra-se — Veloso

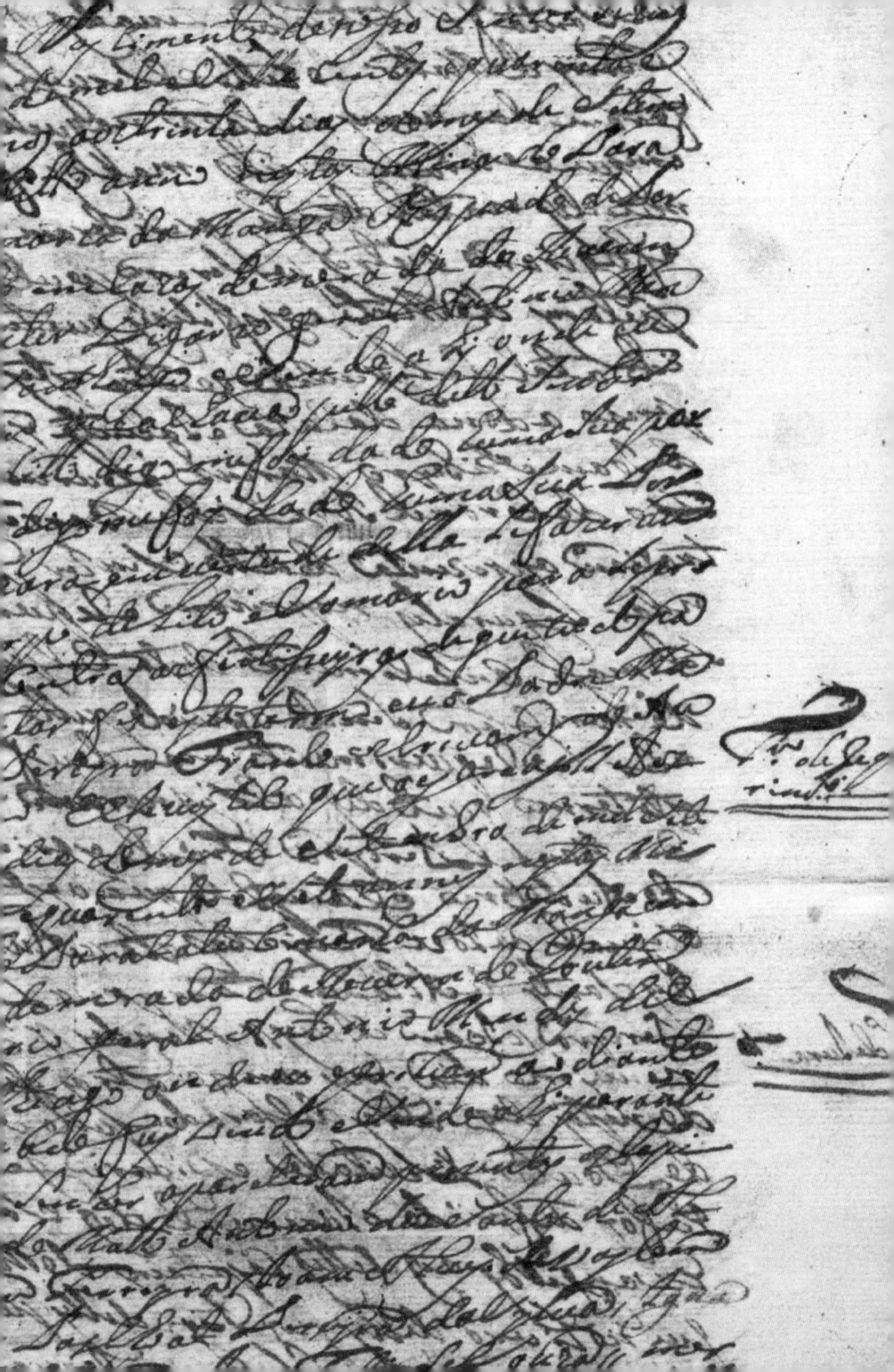

NOTAS

APRESENTAÇÃO (P. 9-13)

1 As línguas gbe (línguas bês) são faladas por povos que habitam a região do litoral e do interior do golfo do Benim, entre o rio Volta e o rio de Lagos; grupos Ewe, Adja, Fon, Aizô, Phlá-pherá, Mahi, entre outros.

2 Mariza de Carvalho Soares, *Diálogos Makii de Francisco Alves de Souza: manuscrito de uma congregação católica de africanos Mina, 1786*. São Paulo: Chão Editora, 2019.

3 Arquivo Nacional da Torre do Tombo (ANTT), Inquisição de Lisboa, Processo 1551, 1747; Luiz Mott, "Acotundá: raízes setecentistas do sincretismo religioso afro-brasileiro", *Revista do Museu Paulista*, São Paulo, 31 (1986): 124-47.

4 Arquivo Nacional da Torre do Tombo (ANTT), Cadernos do Promotor, Inquisição de Lisboa, caderno 125, livro 315 (1754-62), 1760.

5 Ver p. 122. Arquivo Nacional da Torre do Tombo (ANTT), Cadernos do Promotor, Inquisição de Lisboa, caderno 125, livro 315 (1754-62), 1759.

6 Respectivamente: Arquivo Nacional da Torre do Tombo (ANTT), Inquisição de Lisboa, Cadernos do Promotor, caderno 124, livro 818 (1740-61), fl. 507; Arquivo Nacional da Torre do Tombo (ANTT), Inquisição de Lisboa, Cadernos do Promotor, caderno 130, livro 319 (1740--61), fl. 389.

7 Para tornar os registros setecentistas mais acessíveis aos leitores contemporâneos, adotamos alguns critérios de modernização. A ortografia foi atualizada, as abreviaturas foram desdobradas em diversas

passagens e, quando não implicava alteração do sentido original, inserimos vírgula, ponto-final e ponto e vírgula. No uso de maiúsculas e minúsculas, aplicamos os padrões editoriais correntes. Suprimimos as fórmulas jurídicas dos interrogatórios quando se repetiam ao longo do texto, para maior fluidez. Indicamos tal procedimento pelo emprego de reticências entre colchetes. As repetições de termo(s) da última linha no início da página seguinte foram também suprimidas para facilitar a leitura. No caso de dúvida sobre a identificação de uma palavra em razão da ação do tempo sobre os documentos, ela aparece entre colchetes; quando não foi possível realizar sua leitura e transcrição, acrescentamos essa informação igualmente entre colchetes, por exemplo: [ilegível]. Os colchetes contêm ainda conectivos e outros termos incluídos para melhor entendimento do manuscrito. Os termos específicos e em desuso no português contemporâneo foram definidos em notas de rodapé.

8 Arquivo Histórico da Casa Setecentista de Mariana (AHCSM), Livros de Notas, livro 47, fl. 27*v*, 1738.

SUMÁRIO CONTRA O CULTO AO DEUS DA TERRA DE COURÁ E DANÇA DE TUNDÁ, PARACATU, 1747 (P. 17-43)

1 Arquivo Nacional da Torre do Tombo (ANTT), Inquisição de Lisboa, Processo 1551, fls. 1-14, ano 1747.

2 Erro do escrivão. Trata-se de José Félix de Souza.

DENÚNCIA CONTRA ÂNGELA MARIA GOMES, COURANA, 1760 (P. 44-61)

1 Arquivo Nacional da Torre do Tombo (ANTT), Cadernos do Promotor, Inquisição de Lisboa, caderno 125, livro 315 (1754-62).

2 Vem do verbo "quartar" (dividir em quartos). Refere-se à modalidade de alforria paga em prestações (quartos).

3 "Cão de fila", segundo o dicionário de Raphael Bluteau (v. 4, p. 117), é "aquele que mordendo não larga a presa".

TERMO ASSINADO POR ÂNGELA MARIA GOMES, RAINHA DA IRMANDADE DO ROSÁRIO DOS PRETOS DE ITABIRA DO CAMPO, 1772 (P. 62-63)

1 Arquivo Eclesiástico da Arquidiocese de Mariana (AEAM), Livro da Irmandade do Rosário dos Pretos de Itabira do Campo (atual Itabirito), códice L-23 (1745-1820), 20 abr. 1772.

DENÚNCIA CONTRA MANOEL MINA E TERESA RODRIGUES, 1759 (P. 64-81)

1 Arquivo Nacional da Torre do Tombo (ANTT), Cadernos do Promotor, Inquisição de Lisboa, caderno 125, livro 315 (1754-62).

2 "Verenda" vem do latim e refere-se, neste caso, às partes sexuais.

DENÚNCIA CONTRA TERESA DIAS, COURANA, MORADORA EM VILA RICA, SEM DATA (P. 82-84)

1 Arquivo Nacional da Torre do Tombo (ANTT), Inquisição de Lisboa, Cadernos do Promotor, caderno 124, livro 818 (1740-61), fl. 507.

DENÚNCIA CONTRA MARIA TEIXEIRA, MINA, MORADORA EM MARIANA, SEM DATA (P. 85)

1 Arquivo Nacional da Torre do Tombo (ANTT), Inquisição de Lisboa, Cadernos do Promotor, caderno 130, livro 319 (1740-61), fl. 389.

2 Inficionado (atual distrito de Santa Rita Durão), antigo povoado pertencente ao termo da cidade de Mariana.

POSFÁCIO (P. 87-148)

1 Laura de Mello e Souza, *O diabo e a Terra de Santa Cruz*.

2 Luiz Felipe de Alencastro, *O trato dos viventes*, p. 155-87; Giuseppe Marcocci, *A consciência de um império*, p. 405-28; Ana Margarida Santos Pereira, "A Igreja face ao crescimento da presença africana no Brasil entre o fim do século XVII e o princípio do século XVIII", em Isnara Pereira Ivo e Roberto Guedes (ed.), *Memórias da escravidão em mundos ibero-americanos*, p. 43-66.

3 Charlotte de Castelnau-L'Estoile, "O ideal de uma sociedade escravista cristã: direito canônico e matrimônio dos escravos no Brasil colônia", em Bruno Feitler e Evergton Sales Souza (org.), *A Igreja no Brasil*, p. 355-95.

4 Francisco Bethencourt, *História das Inquisições*, p. 315.

5 José Pedro Paiva e Giuseppe Marcocci, *História da Inquisição portuguesa (1536-1821)*.

6 Francisco Bethencourt, *História das Inquisições*, p. 315.

7 Aldair Rodrigues, *Limpos de sangue*.

8 Embora o sumário contra o acotundá de Paracatu esteja catalogado como processo no Arquivo Nacional da Torre do Tombo, trata-se apenas de um sumário de testemunhas transmitido ao Santo Ofício pelo juiz eclesiástico do distrito e comissário da Inquisição, Antônio Mendes de Santiago. Sobre a tipologia das denúncias e um guia da documentação referente a Minas Gerais nos Cadernos do Promotor da Inquisição, ver Maria Leônia Chaves de Resende e Rafael José de Sousa, *Em nome do Santo Ofício*.

9 Silvia Lara, *Palmares & Cucaú: o aprendizado da dominação*.

10 Stuart Schwartz, "Repensando Palmares: resistência escrava na colônia", em *Escravos, roceiros e rebeldes*, p. 213-55; Silvia Lara, "Do singular ao plural: Palmares, capitães do mato e o governo dos escravos", em João José Reis e Flávio dos Santos Gomes (ed.), *Liberdade por um fio*, p. 81-110.

11 Silvia Lara, "Do singular ao plural: Palmares", em João José Reis e Flávio dos Santos Gomes (ed.), *Liberdade por um fio*, p. 85; Donald Ramos, "O quilombo e o sistema escravista em Minas Gerais do século XVIII", em João José Reis e Flávio dos Santos Gomes (ed.), *Liberdade por um fio*, p. 164-92; Carlos Magno Guimarães, *Uma negação da ordem escravista*, p. 73-4; Aldair Rodrigues, "The Militarization of the Persecution of African Religions and the Demonization of Vodun Cults in Eighteenth-Century Minas Gerais, Brazil", *Journal of Africana Religions*, 1.º ago. 2021; 9 (2): 137-64, doi: https://doi.org/10.5325/jafrireli.9.2.0137.

12 *Instruções* (1739), Câmara Municipal de Ouro Preto, códice 32, fls. 210-212, apud Donald Ramos, "O quilombo e o sistema escravista em Minas Gerais do século XVIII", em João José Reis e Flávio dos Santos Gomes (ed.), *Liberdade por um fio*, p. 181.

13 Rio das Pedras atual Acuruí, distrito de Itabirito (MG).

14 Arquivo Nacional da Torre do Tombo (ANTT), Denúncia contra Manoel mina e Teresa Rodrigues, Inquisição de Lisboa, Cadernos do Promotor, caderno 125, livro 315 (1754-62), fls. 65*v*-66.

15 ANTT, "Denúncia contra Manoel mina e Teresa Rodrigues", fl. 68.

16 ANTT, Inquisição de Lisboa, Processo 1551 (1747), fls. 1-1*v*. Os cinco capitães do mato, todos moradores em Paracatu, eram: Antônio dos Santos Ferreira, João Alves de Vasconcelos, Pascoal Pereira da Silva, Inácio da Silva e José Félix de Souza. Luiz Mott foi quem localizou esse processo no Arquivo da Torre do Tombo e o analisou de forma pioneira e instigante em "Acotundá: raízes setecentistas do sincretismo religioso afro-brasileiro", *Revista do Museu Paulista*, São Paulo, 31 (1986): 124-47.

17 ANTT, Inquisição de Lisboa, Processo 1551 (1747), fls. 1-1*v*.

18 ANTT, Inquisição de Lisboa, Processo 1551 (1747), fl. 9.

19 ANTT, Inquisição de Lisboa, Processo 1551 (1747), fl. 6*v*.

20 O nome fazia menção à presença portuguesa na importante região africana dos acãs, mineradores e comerciantes de ouro, com a construção do castelo de São Jorge da Mina (Elmina, atual Gana), iniciada em 1482. Posteriormente, a fortaleza passa para o controle holandês, e o tráfico de escravos se torna o principal interesse luso na região mais a leste da Mina, particularmente no golfo do Benim, na área vodum.

21 Pierre Verger, *Fluxo e refluxo: do tráfico de escravos entre o golfo do Benim e a Bahia de Todos-os-Santos, do século XVII ao XIX*.

22 Carlos da Silva Júnior, "Ardras, minas e jejes, ou escravos de 'primeira reputação': políticas africanas, tráfico negreiro e identidade étnica na Bahia do século XVIII", *Almanack*, n.º 12, p. 6-33, 2016, p. 23; Alexandre Vieira Ribeiro, *A cidade de Salvador*, p. 362.

23 Alexandre Vieira Ribeiro, *A cidade de Salvador*, p. 51; Ângelo Carrara, *Minas e currais*, p. 119-21.

24 Moacir Maia, *De reino traficante a povo traficado*.

25 Moacir Maia, *De reino traficante a povo traficado*; Fernanda Domingos Pinheiro, *Confrades do Rosário*.

26 Jessie Gaston Mulira, *A History of the Mahi Peoples from 1774-1920*; J. A. M. A. R. Bergé, "Étude sur le pays Mahi (1926-1928)", *Bulletin du Comité d'Études Historiques et Scientifiques de l'Afrique occidentale française* 11 (4 out.-dez.), 1928; Robin Law, *The Slave Coast of West Africa 1550-1750*, p. 19, 24, 26-7; Mariza Soares, *Devotos da cor*; James Sweet, *Domingos Alvares*, p. 9-27.

27 James Sweet, *Domingos Alvares*, p. 9-27.

28 Mariza Soares, *Devotos da cor*.

29 Mariza Soares, *Diálogos Makii de Francisco Alves de Souza: manuscrito de uma congregação católica de africanos Mina, 1786*.

30 AHCSM, "Escritura de dívida, hipoteca e obrigação", Livros de Notas, livro 4 (parte 8), fl. 501*v*, 1716.

31 AHCSM, Livros de Notas, livro 47, fl. 27*v*, 1738.

32 Aldair Rodrigues, "Quem eram as negras e os negros minas da capitania de Minas Gerais no século XVIII?", em Aldair Rodrigues, Ivana Stolze Lima e Juliana Farias (org.), *A diáspora Mina*, p. 323-57; Moacir Maia, *De reino traficante a povo traficado*, p. 83-102.

33 Ewe e fon são as línguas majoritárias e possuem parentesco histórico-genético. Gbe, nessas línguas, seria, segundo Yeda Pessoa de Castro, o "lexema comum para dizer 'língua, idioma'". Cf. *A língua mina-jeje no Brasil*, p. 54.

34 Ivana Stolze Lima, "A voz e a cruz de Rita: africanas e comunicação na ordem escravista", *Revista Brasileira de História*, São Paulo, v. 38, n.º 79 (2018), p. 41-63.

35 Yeda Pessoa de Castro, *A língua mina-jeje no Brasil*; Olabiyi Yai, "Texts of Enslavement: Fon and Yoruba Vocabularies from Eighteenth- and Nineteenth-Century Brazil", em Paul Lovejoy (ed.), *Identity in the Shadow of Slavery*.

36 Yeda Pessoa de Castro, *A língua mina-jeje no Brasil*, p. 179. Poderíamos traduzir *avó dum chuhê* (*xwê* — casa) como "casa do vodum" (igreja) e *hiháνouvódum* como "o vodum dos brancos" (Nosso Senhor).

37 Edna Bay, *Wives of the Leopard*, p. 92-6; Luis Nicolau Parés, *O rei, o pai e a morte*, p. 45-51; Lia Dias Laranjeira, *O culto da serpente no reino de Uidá*, p. 141-73.

38 Jean-Baptiste Labat, *Voyage du chevalier Des Marchais en Guinée, isles voisines, et à Cayenne, fait en 1725, 1726 & 1727*, p. 66-9. O mercador e traficante europeu Willem Bosman registra que o governante de Uidá poderia enviar de dezoito a vinte esposas para os europeus, em caso de menor aborrecimento, e que os homens poderiam vender suas esposas na suspeita de adultério, o que novamente aponta para certa desigualdade de gênero; Willem Bosman, *A New and Accurate Description of the Coast of Guinea*, p. 320-1.

39 Diversos autores apontaram o papel destacado da mulher africana no pequeno comércio em Minas Gerais. Luciano Figueiredo, *O avesso da memória*; Eduardo França Paiva, *Escravidão e universo cultural na*

colônia; Sheila de Castro Faria, "Sinhás pretas: acumulação de pecúlio e transmissão de bens de mulheres forras no Sudeste escravista (séculos XVIII e XIX)", em Francisco C. T. da Silva, Hebe Maria Mattos e João Fragoso (org.), *Ensaios sobre história e educação*, v. 1, p. 289-329. No século XIX, intensifica-se a associação das mulheres Mina ao comércio: Juliana Barreto Farias, *Mercados minas*.

40 Nicolau Parés, *O rei, o pai e a morte*, p. 107.

41 ANTT, "Denúncia contra Manoel mina e Teresa Rodrigues", fl. 69.

42 ANTT, "Habilitação de João Soares Brandão", Habilitações do Santo Ofício, mç. 60, doc. 1141, 1729.

43 Nicolau Parés, *O rei, o pai e a morte*, p. 128. Conforme vasta literatura sobre o tema, Parés indica que os voduns poderiam ser categorizados em voduns públicos; voduns ancestrais (*tohuiyo*); voduns das linhagens e particulares, além "dos diversos sistemas divinatórios (isto é, Bo, Legba, Fá) e práticas de cura, envolvendo uma multiplicidade de objetos de poder pessoais (*bō*)"; Nicolau Parés, *O rei, o pai e a morte*, p. 133.

44 Nicolau Parés, *O rei, o pai e a morte*, p. 133. Essas categorias classificatórias, que eram maleáveis e devem ser adotadas apenas para efeitos analíticos, podem ser resumidas em quatro escalas principais, segundo o autor: "1. os deuses públicos transétnicos e translocais; 2. os deuses territoriais, protetores de espaços geográficos específicos; 3. os deuses da 'casa' ou coletividade familiar; e 4. os deuses individuais"; Nicolau Parés, *O rei, o pai e a morte*, p. 94.

45 Autores contemporâneos têm enfatizado a possibilidade de o culto da serpente em Uidá também ter origem nas práticas nativas dos povos litorâneos hulas e/ou huedas. Lia Dias Laranjeira, *O culto da serpente no reino de Uidá*, p. 108-10; 38-43.

46 Lia Dias Laranjeira, *O culto da serpente no reino de Uidá*, p. 122, 161.

47 Nicolau Parés, *O rei, o pai e a morte*, p. 148.

48 Ibid., p. 161.

49 Lia Dias Laranjeira, *O culto da serpente no reino de Uidá*, p. 119.

50 Nicolau Parés, *O rei, o pai e a morte*, p. 141-2.

51 Lia Dias Laranjeira, *O culto da serpente no reino de Uidá*, p. 116-7, 125.

52 Ibid., p. 141.

53 Ibid., p. 152; Nicolau Parés, *O rei, o pai e a morte*, p. 146-7.

54 Lia Dias Laranjeira, *O culto da serpente no reino de Uidá*, p. 160-2.

55 Nicolau Parés, *O rei, o pai e a morte*, p. 165-7. Mawu é a criadora da Terra, dos seres humanos e voduns, juntamente com Lissá.

56 Edna Bay, *Wives of the Leopard*, p. 92-6; Nicolau Parés, *O rei, o pai e a morte*, p. 162-80.

57 Os filhos deviam obrigação e mesmo certa devoção ao pai biológico (*daá mejito*), responsável pela unidade doméstica (domicílio — *huedo*), que por sua vez devia sujeição ao *daá hennugan*, o pai ou o avô, considerado o chefe daquela linhagem (coletividade familiar — *hennu*). O *hennugan*, como "pai social" do *hennu*, era o responsável pelo culto ao *tohuiyo*, o ancestral comum da linhagem. Ou seja, o indivíduo mais velho era o grande responsável político e espiritual por um grupo de *huedos* e pelo cuidado com os rituais do *akovodun*, o culto às divindades do clã; Nicolau Parés, *O rei, o pai e a morte*, p. 58-62.

58 Nicolau Parés, *O rei, o pai e a morte*.

59 Robin Law, *Ouidah*, p. 50-70; Edna Bay, *Wives of the Leopard*, p. 56-62.

60 Moacir Maia, *De reino traficante a povo traficado*.

61 Moacir Maia, *De reino traficante a povo traficado*; Fernanda Domingos Pinheiro, *Confrades do Rosário*.

62 ANTT, "Denúncia contra Manoel mina e Teresa Rodrigues", fl. 69.

63 Um bom exemplo desse complexo revelador da cultura material dos cultos africanos no Brasil pode ser visto em ANTT, Inquisição de Lisboa, Processo 1551 (1747).

64 ANTT, "Denúncia contra Manoel mina e Teresa Rodrigues", fl. 65*v*.

65 Nicolau Parés, *O rei, o pai e a morte*, p. 94-5.

66 Ibid., p. 95.

67 Ibid., p. 95.

68 Ibid., p. 103. Sobre os *bo* e os *botchio*, consultar também Melville Herskovits, *Dahomey, an Ancient West African Kingdom*, v. 2, p. 256-88.

69 Nicolau Parés, *O rei, o pai e a morte*, p. 95.

70 ANTT, "Denúncia contra Manoel mina e Teresa Rodrigues", fls. 64*v*-65*v*.

71 ANTT, "Denúncia contra Manoel mina e Teresa Rodrigues", fls. 67-69.

72 Dentre os principais expoentes dessa vertente explicativa, podem ser citados: Suzanne Preston Blicr, "The Art of Assemblage: Aesthetic Expression and Social Experience in Danhomè", *Res: Anthropology and Aesthetics* 45 (2004): 186-210; Suzanne Preston Blier, *African Vodun*; Edna Bay, *Wives of the Leopard*; Luis Nicolau Parés, *A formação do candomblé*, p. 272-5; James Sweet, *Domingos Alvares*; Dana Rush, "Ephemerality and the 'Unfinished' in Vodun Aesthetics", *African Arts* 43, n.º 1 (2010): 60-75.

73 Nicolau Parés, *A formação do candomblé*.

74 Suzanne Preston Blier, *African Vodun*; Suzanne Preston Blier, "The Art of Assemblage: Aesthetic Expression and Social Experience in Danhomè", *Res: Anthropology and Aesthetics* 45 (2004): 186-210; Matthew Francis Rarey, "Assemblage, Occlusion, and the Art of Survival in the Black Atlantic", *African Arts* 51, n.º 4 (2018): 20-33; Cécile Fromont, "Paper, Ink, Vodun, and the Inquisition: Tracing Power, Slavery, and Witchcraft in the Early Modern Portuguese Atlantic", *Journal of the American Academy of Religion* 88, n.º 2 (2020): 460-504.

75 Luiz Mott, "Acotundá: raízes setecentistas do sincretismo religioso afro-brasileiro", *Revista do Museu Paulista*, São Paulo, 31 (1986): 124-47. Nossa interpretação diverge do enfoque do autor, na medida em que privilegiamos a perspectiva africana ao ler o documento.

76 ANTT, Inquisição de Lisboa, Processo 1551 (1747), fl. 1*v*.

77 Ainda não se pode precisar a origem das palavras "dança de tundá" e "acotundá". Uma das hipóteses é a de que fosse um termo genérico para nomear um culto africano com possessão, como a palavra "calundu", de origem banto, que foi amplamente usada para designar variedade de práticas religiosas africanas no Brasil colonial. Mott indicou a possibilidade de ser "tundá" o imperativo de "sair" em língua banto, provavelmente ligada a alguma prática religiosa local. Moacir Maia sugere que o termo "acotundá" talvez remeta a *akovodun*, um culto a um vodum público. Luiz Mott, "Acotundá: raízes setecentistas do sincretismo religioso afro-brasileiro", *Revista do Museu Paulista*, São Paulo, 31 (1986): 124-47; Moacir Maia, *De reino traficante a povo traficado*, p. 208-9.

78 ANTT, Inquisição de Lisboa, Processo 1551 (1747), fls. 8*v*-9.

79 ANTT, Inquisição de Lisboa, Processo 1551 (1747), fls. 3*v*-4*v*.

80 Esses voduns seriam, segundo Parés, "o casal primordial responsável pela criação do mundo"; Nicolau Parés, *O rei, o pai e a morte*, p. 113-14.

81 Legba, importante divindade vodum, é identificado como protetor e mensageiro, a quem primeiro se deve saudar. Por seus atributos e significados, é associado ao orixá Exu (ou *Elégbára*, do qual derivou o nome Legba) dos povos iorubanos. A introdução desse vodum no Brasil é bem antiga, já aparecendo no vocabulário de Costa Peixoto em Ouro Preto.

82 ANTT, Inquisição de Lisboa, Processo 1551 (1747), fl. 11*v*.

83 Loko é um vodum público de origem iorubá (nagô), orixá Iroko, incorporado pelos povos da área vodum do golfo do Benim e representado pela árvore *Milicia excelsa*, considerada sagrada. Na Salvador oitocentista, vodum Loko e orixá Iroko estavam associados à gameleira. Luís da Câmara Cascudo, *Tradição, ciência do povo*, p. 57. O ritual de Ângela Gomes em volta da árvore revela outra adaptação do culto vodum em terras americanas e aponta a eleição da gameleira como uma árvore sagrada para esses povos.

84 Moacir Maia, "Uma africana entre dois mundos", em Alenice Baeta e Henrique Piló (org.), *Aredes*, p. 198-217.

85 Caio César Boschi, *Os leigos e o poder*, p. 171.

86 Célia Maia Borges, *Escravos e libertos nas irmandades do Rosário*.

87 Vila Rica de Ouro Preto possuía duas irmandades de Nossa Senhora do Rosário dos Pretos, instaladas respectivamente na freguesia de Nossa Senhora do Pilar e, na outra parte da povoação, na freguesia de Nossa Senhora da Conceição de Antônio Dias. Ambas as confrarias escolhiam juízes e juízas de São Benedito, São Elesbão, Santo Antônio de

Categeró e Santa Efigênia; Marcos Magalhães de Aguiar, *Vila Rica dos confrades*, p. 12. Na vizinha Mariana, a capela do Rosário foi instituída pelas irmandades do Rosário, São Benedito e Santa Efigênia; Fernanda Domingos Pinheiro, *Confrades do Rosário*, p. 12.

88 Arquivo Eclesiástico da Paróquia de Nossa Senhora do Pilar (AEPNSP), Ouro Preto, Livro de Eleições da Irmandade do Rosário do Ouro Preto em Vila Rica (1760-1897), códice 96, ano 1765.

89 Moacir Maia, *De reino traficante a povo traficado*, p. 248.

90 Lucilene Reginaldo, *Os rosários dos angolas*, p. 351; Mariza Soares, *Devotos da cor*.

91 Moacir Maia, *De reino traficante a povo traficado*; Fernanda Domingos Pinheiro, *Confrades do Rosário*; Anderson J. Machado de Oliveira, "Devoção e identidades: significados do culto de santo Elesbão e santa Efigênia no Rio de Janeiro e nas Minas Gerais no Setecentos", *Topoi*, Rio de Janeiro, v. 7, n. 12, p. 60-115, jan.-jun. 2006.

92 Moacir Maia, *De reino traficante a povo traficado*, p. 250-51.

93 Arquivo da Casa dos Contos, v. 14, rolo 2004-0558, fotograma 0769, Testamento de Luísa Felizarda da Glória, feito em 12 mar. 1789 e aberto em 28 out. 1789, fl. 99*v*.

94 Célia Maia Borges, *Escravos e libertos nas irmandades do Rosário*, p. 166.

95 Moacir Maia, *De reino traficante a povo traficado*, p. 201-2, 236 e 298.

96 Fernanda Domingos Pinheiro, *Confrades do Rosário*, p. 174.

ANEXOS (P. 149-62)

1 Arquivo Eclesiástico da Arquidiocese de Mariana (AEAM), assento de entrada da rainha e juíza Inácia Pereira da Assunção, Livro de Termos de Entrada dos Irmãos da Irmandade de Nossa Senhora do Rosário dos Pretos de Mariana, códice p-28, 28 dez. 1764.

2 Arquivo Histórico da Casa Setecentista de Mariana (AHCSM), Testamento da rainha do Rosário Inácia Pereira da Assunção, Livro de Registro de Testamentos n.º 58 (1765-67), 1.º Ofício, escrito em 1757 e aberto em 1766, fls. 23-27*v*.

3 Em sua carta de alforria, de 1738, consta a informação de que Inácia era de nação Fon: AHCSM, Livros de Notas, livro 47, fl. 27*v*, 1738.

4 Pode ser referência a "rosicler", que, segundo o dicionário de Raphael Bluteau (v. 7, p. 380), seria joia para enfeitar a cabeça e que pode ter pingentes; ou mesmo menção à cor rosa.

5 Como dito, "quarto" neste caso significa a parcela do pagamento da alforria. Refere-se ao fenômeno da "quartação" ou "coartação", que são as alforrias pagas em prestações.

FONTES E BIBLIOGRAFIA

Fontes manuscritas

ARQUIVO ECLESIÁSTICO DA ARQUIDIOCESE DE MARIANA (AEAM), MARIANA (MG)

"Termo de compromisso da rainha Inácia Pereira da Assunção", Livro de Termos de Entrada dos Irmãos da Irmandade de Nossa Senhora do Rosário dos Pretos de Mariana, códice p-28, fl. 53*v*, ano 1764.

"Termo que faz esta Irmandade de N. Snr. do Rosário dos Pretos em sua capela separada da matriz", Livro da Irmandade do Rosário dos Pretos de Itabira do Campo (atual Itabirito), códice L-23 (1745-1820), fl. 47*v*, 20 abr. 1772.

ARQUIVO ECLESIÁSTICO DA PARÓQUIA DE NOSSA SENHORA DO PILAR (AEPNSP), OURO PRETO (MG)

Livro de Eleições da Irmandade do Rosário do Ouro Preto em Vila Rica (1760-1897), códice 96, ano 1765.

ARQUIVO HISTÓRICO DA CASA SETECENTISTA DE MARIANA (AHCSM), MARIANA (MG)

"Documento de alforria de Inácia Pereira da Assunção", Livros de Notas, livro 47, fl. 27*v*, ano 1738.

"Escritura de dívida, hipoteca e obrigação", Livros de Notas, livro 4 (parte 8), fl. 501*v*, ano 1716.

"Testamento da rainha do Rosário Inácia Pereira da Assunção", Livro de Registro de Testamentos n.º 58 (1765-67), 1.º Ofício, fls. 23-27*v*, escrito em 1757 e aberto em 1766.

ARQUIVO NACIONAL DA TORRE DO TOMBO (ANTT), LISBOA

"Auto de corpo de delito e cópia de sumário de uma diligência (Paracatu)", Inquisição de Lisboa, Processo 1551, fls. 1-14, ano 1747.

"Denúncia contra Ângela Maria Gomes", Inquisição de Lisboa, Cadernos do Promotor, caderno 125, livro 315 (1754-62), fls. 52-60*v*, ano 1760.

"Denúncia contra Manoel mina e Teresa Rodrigues", Inquisição de Lisboa, Cadernos do Promotor, caderno 125, livro 315 (1754-62), fls. 63-69, ano 1759.

"Denúncia contra Maria Teixeira", Inquisição de Lisboa, Cadernos do Promotor, caderno 130, livro 319 (1740-61), fl. 389, sem data.

"Denúncia contra Teresa Dias", Inquisição de Lisboa, Cadernos do Promotor, caderno 124, livro 818 (1740-61), fl. 507, sem data.

"Habilitação de João Soares Brandão", Habilitações do Santo Ofício, mç. 60, doc. 1141, ano 1729.

Fontes impressas

Bosman, Willem. *A New and Accurate Description of the Coast of Guinea, Divided into the Gold, the Slave, and the Ivory Coasts*. Londres: J. Knapton; D. Midwinter; B. Lintot; G. Strahan; J. Round; E. Bell, 1721.

Castro, Yeda Pessoa de. *A língua mina-jeje no Brasil: um falar africano em Ouro Preto do século* XVIII. Belo Horizonte: Fundação João Pinheiro; Secretaria da Cultura do Estado de Minas Gerais, 2002.

—

Labat, Jean-Baptiste. *Voyage du chevalier Des Marchais en Guinée, isles voisines, et à Cayenne, fait en 1725, 1726 & 1727*. T. I e II. Amsterdam: Aux dépens de la Compagnie, 1731 (Paris, 1730).

BIBLIOGRAFIA

Aguiar, Marcos Magalhães de. *Vila Rica dos confrades*. Dissertação (Mestrado em História) — São Paulo: USP, 1993.

Alencastro, Luiz Felipe de. *O trato dos viventes: formação do Brasil no Atlântico Sul*. São Paulo: Companhia das Letras, 2000.

Bay, Edna. *Wives of the Leopard: Gender, Politics, and Culture in the Kingdom of Dahomey*. Charlottesville: University of Virginia Press, 1998.

Bergé, J. A. M. A. R. "Étude sur le pays Mahi (1926-1928)". *Bulletin du Comité d'Études Historiques et Scientifiques de l'Afrique occidentale française* 11 (4 out.-dez.), 1928.

Bethencourt, Francisco. *História das Inquisições: Portugal, Espanha e Itália, séculos XV-XIX*. São Paulo: Companhia das Letras, 2000.

Blier, Suzanne Preston. *African Vodun: Art, Psychology, and Power*. Chicago: University of Chicago Press, 1995.

______. "The Art of Assemblage: Aesthetic Expression and Social Experience in Danhomè". *Res: Anthropology and Aesthetics* 45 (2004): 186-210.

Bluteau, D. Raphael de. *Vocabulario portuguez e latino: áulico, anatômico, architectonico*... Coimbra: Collegio das Artes da Companhia de Jesus, 1712-28. 8 v.

Borges, Célia Maia. *Escravos e libertos nas irmandades do Rosário: devoção e solidariedade em Minas Gerais — séculos XVIII e XIX*. Juiz de Fora: Editora UFJF, 2005.

Boschi, Caio César. *Os leigos e o poder*. São Paulo: Ática, 1986.

Carrara, Ângelo Alves. *Minas e currais: produção rural e mercado interno em Minas Gerais, 1674-1807*. Juiz de Fora: Editora UFJF, 2007.

Cascudo, Luís da Câmara. *Tradição, ciência do povo*. São Paulo: Perspectiva, 1971.

Castelnau-L'Estoile, Charlotte de. "O ideal de uma sociedade escravista cristã: direito canônico e matrimônio dos escravos no Brasil colônia". In: Feitler, Bruno; Souza, Evergton Sales (org.). *A Igreja no Brasil: normas e práticas durante a vigência das Constituições Primeiras do Arcebispado da Bahia*. São Paulo: Editora Unifesp, 2011, p. 355-95.

Faria, Sheila de Castro. "Sinhás pretas: acumulação de pecúlio e transmissão de bens de mulheres forras no Sudeste escravista (séculos XVIII e XIX)". In: Silva, Francisco Carlos T. da; Mattos, Hebe Maria; Fragoso, João (org.). *Ensaios sobre história e educação*. Rio de Janeiro: Mauad; Faperj, 2001, v. 1, p. 289-329.

Farias, Juliana Barreto. *Mercados minas: africanos ocidentais na praça do Mercado do Rio de Janeiro (1830-1890)*. Rio de Janeiro: Prefeitura do Rio de Janeiro; Arquivo Geral da Cidade, 2015.

Figueiredo, Luciano. *O avesso da memória: cotidiano e trabalho da mulher em Minas Gerais no século XVIII*. Rio de Janeiro: José Olympio; Brasília: Editora UnB, 1993.

Fromont, Cécile. "Paper, Ink, Vodun, and the Inquisition: Tracing Power, Slavery, and Witchcraft in the Early Modern Portuguese Atlantic". *Journal of the American Academy of Religion* 88, n.º 2 (2020): 460-504.

Gomes, Flávio. "Palmares". In: Palmer, Colin (ed.). *Encyclopedia of African-American Culture and History*. Detroit: Macmillan Reference, 2006, v. 4, p. 1713-6.

Guimarães, Carlos Magno. *Uma negação da ordem escravista: quilombos em Minas Gerais no século XVIII*. São Paulo: Ícone, 1988.

Hall, Gwendolyn Midlo. *Escravidão e etnias africanas nas Américas: restaurando os elos*. São Paulo: Vozes, 2017.

Herskovits, Melville. *Dahomey, an Ancient West African Kingdom*, v. 2. Evanston: Northwestern University Press, 1967, p. 256-88.

Ivo, Isnara Pereira. *Homens de caminho: trânsitos culturais, comércio e cores nos sertões da América portuguesa. Século XVIII*. Vitória da Conquista: Edições UESB, 2012.

Lara, Silvia. "Do singular ao plural: Palmares, capitães do mato e o governo dos escravos". In: Reis, João José; Gomes, Flávio dos Santos (ed.). *Liberdade por um fio: história dos quilombos no Brasil*. São Paulo: Companhia das Letras, 1996, p. 81-110.

______. *Palmares & Cucaú: o aprendizado da dominação*. São Paulo: Edusp, 2021.

Laranjeira, Lia Dias. *O culto da serpente no reino de Uidá: um estudo da literatura de viagem europeia: séculos XVII e XVIII*. Salvador: Editora UFBA, 2015.

Law, Robin. *The Slave Coast of West Africa 1550-1750: the Impact of the Atlantic Slave Trade on an African Society*. Oxford: Clarendon, 1991.

______. *Ouidah: the Social History of a West African Slaving "Port", 1727--1892*. Athens: Ohio University Press; Oxford: James Currey, 2004.

______. "Etnias de africanos na diáspora: novas considerações sobre os significados do termo 'mina'". *Tempo*: Revista do Departamento de História da UFF, Niterói, v. 10, n.º 20, p. 109-31, jan.-jul. 2006.

Lima, Ivana Stolze. "A voz e a cruz de Rita: africanas e comunicação na ordem escravista", *Revista Brasileira de História*, São Paulo, v. 38, n.º 79 (2018), p. 41-63.

Maia, Moacir Rodrigo de Castro. "Uma africana entre dois mundos". In: Baeta, Alenice; Piló, Henrique (org.). *Aredes: recuperação ambiental e valorização de um sítio histórico-arqueológico*. Belo Horizonte: Orange Editorial, 2016, p. 198-217.

______. "Uma identidade litorânea: os chamados courás na África e em Minas Gerais (século XVIII)". In: Rodrigues, Aldair; Lima, Ivana Stolze; Farias, Juliana (org.). *A diáspora Mina: africanos entre o golfo do Benim e o Brasil*. Rio de Janeiro: NAU Editora, 2020, p. 163-99.

______. *De reino traficante a povo traficado: a diáspora dos courás do golfo do Benim para Minas Gerais (América portuguesa, 1715-1760)*. Rio de Janeiro: Arquivo Nacional, 2022.

Marcocci, Giuseppe. *A consciência de um império: Portugal e o seu mundo (séculos XV-XVIII)*. Coimbra: Editora da Universidade de Coimbra, 2012.

Matory, Lorand. "Jeje: repensando nações e transnacionalismo". *Mana*, Rio de Janeiro, v. 5, n.º 1 (1999), p. 57-80.

Metcalf, Alida. *Go-Betweens and the Colonization of Brazil: 1500-1600*. Austin: University of Texas Press, 2005.

Mott, Luiz. "Acotundá: raízes setecentistas do sincretismo religioso afro-brasileiro". *Revista do Museu Paulista*, São Paulo, 31 (1986): 124-47.

Mulira, Jessie Gaston. *A History of the Mahi Peoples from 1774-1920*. Tese (Doutorado em História) — Califórnia: University of California, 1984.

Oliveira, Anderson J. Machado de. "Devoção e identidades: significados do culto de santo Elesbão e santa Efigênia no Rio de Janeiro e nas Minas Gerais no Setecentos". *Topoi*, Rio de Janeiro, v. 7, n.º 12, p. 60-115, jan.-jun. 2006.

Paiva, Eduardo França. *Escravidão e universo cultural na colônia: Minas Gerais, 1716-1789*. Belo Horizonte: Editora UFMG, 2001.

Paiva, José Pedro; Marcocci, Giuseppe. *História da Inquisição portuguesa (1536-1821)*. Lisboa: A Esfera dos Livros, 2016.

Parés, Luis Nicolau. *A formação do candomblé: história e ritual da nação Jeje na Bahia*. Campinas: Editora Unicamp, 2006.

______. *O rei, o pai e a morte: a religião vodum na antiga Costa dos Escravos na África Ocidental*. São Paulo: Companhia das Letras, 2017.

Pereira, Ana Margarida Santos. "A Igreja face ao crescimento da presença africana no Brasil entre o fim do século XVII e o princípio do século XVIII". In: Ivo, Isnara Pereira; Guedes, Roberto (ed.). *Memórias da escravidão em mundos ibero-americanos: séculos* XVI-XXI. São Paulo: Alameda, 2019, p. 43-66.

Pinheiro, Fernanda Domingos. *Confrades do Rosário: sociabilidade e identidade étnica em Mariana — Minas Gerais* (1745-1820). Dissertação (Mestrado em História) — Niterói: Universidade Federal Fluminense, 2006.

Ramos, Donald. "O quilombo e o sistema escravista em Minas Gerais do século XVIII". In: Reis, João José; Gomes, Flávio dos Santos (ed.). *Liberdade por um fio: história dos quilombos no Brasil*. São Paulo: Companhia das Letras, 1996, p. 164-92.

Rarey, Matthew Francis. "Assemblage, Occlusion, and the Art of Survival in the Black Atlantic", *African Arts* 51, n.º 4 (2018): 20-33.

Reginaldo, Lucilene. *Os rosários dos angolas: irmandades de africanos e crioulos na Bahia setecentista*. São Paulo: Alameda, 2011.

Reis, João José. "Identidade e diversidade étnicas nas irmandades negras no tempo da escravidão". *Tempo*: Revista do Departamento de História da UFF, Niterói, v. 2, n.º 3 (1997), p. 7-33.

Resende, Maria Leônia Chaves de; Sousa, Rafael José de. *Em nome do Santo Ofício: cartografia da Inquisição nas Minas Gerais*. Belo Horizonte: Fino Traço, 2015.

Ribeiro, Alexandre Vieira. *A cidade de Salvador: estrutura econômica, comércio de escravos, grupo mercantil* (*c.* 1750 - *c.* 1800). Tese (Doutorado em História) — Rio de Janeiro: UFRJ, 2009.

Rodrigues, Aldair. *Limpos de sangue: familiares do Santo Ofício, Inquisição e sociedade em Minas Gerais colonial*. São Paulo: Alameda, 2011.

______. "Quem eram as negras e os negros minas da capitania de Minas Gerais no século XVIII?" In: Rodrigues, Aldair; Lima, Ivana Stolze; Farias, Juliana (org.). *A diáspora Mina: africanos entre o golfo do Benim e o Brasil*. Rio de Janeiro: NAU Editora, 2020, p. 323-57.

______. "The Militarization of the Persecution of African Religions and the Demonization of Vodun Cults in Eighteenth-Century Minas Gerais, Brazil". *Journal of Africana Religions*, 1.º ago. 2021; 9 (2): 137-64. doi: https://doi.org/10.5325/jafrireli.9.2.0137.

Rush, Dana. "Ephemerality and the 'Unfinished' in Vodun Aesthetics". *African Arts*, 43, n.º 1 (2010): 60-75.

Schwartz, Stuart. "Repensando Palmares: resistência escrava na colônia". In: *Escravos, roceiros e rebeldes*. Bauru: Edusc, 2001, p. 213-55.

Silva Júnior, Carlos da. "Ardras, minas e jejes, ou escravos de 'primeira reputação': políticas africanas, tráfico negreiro e identidade étnica na Bahia do século XVIII". *Almanack*, n.º 12, p. 6-33, 2016.

Soares, Mariza de Carvalho. *Devotos da cor: identidade étnica, religiosidade e escravidão no Rio de Janeiro, século* XVIII. Rio de Janeiro: Civilização Brasileira, 2000.

______. *Diálogos Makii de Francisco Alves de Souza: manuscrito de uma congregação católica de africanos Mina, 1786*. São Paulo: Chão Editora, 2019.

Sogbossi, Hippolyte Brice. *La Tradición Ewé-Fon en Cuba*. Havana: Fundação Fernando Ortiz, 1998.

Souza, Laura de Mello e. *O diabo e a Terra de Santa Cruz: feitiçaria e religiosidade popular no Brasil colonial*. São Paulo: Companhia das Letras, 1988.

______. "Violência e práticas culturais no cotidiano de uma expedição contra quilombolas: Minas Gerais, 1769". In: Reis, João José; Gomes, Flávio dos Santos (ed.). *Liberdade por um fio: História dos quilombos no Brasil*. São Paulo: Companhia das Letras, 1996, p. 193-212.

Sweet, James. *Domingos Alvares: African Healing, and the Intellectual History of the Atlantic World*. Chapel Hill: University of North Carolina Press, 2011.

Venâncio, Renato Pinto. "Comércio e fronteira em Minas Gerais colonial". In: Júnia Ferreira Furtado (org.), *Diálogos oceânicos, Minas Gerais e as novas abordagens para uma história do Império Ultramarino Português*. Belo Horizonte: Editora UFMG, 2001.

Verger, Pierre. *Fluxo e refluxo do tráfico de escravos entre o golfo do Benim e a Bahia de Todos-os-Santos, do século XVII ao XIX*. 2.ª ed. São Paulo: Corrupio, 1987.

Yai, Olabiyi. "Texts of Enslavement: Fon and Yoruba Vocabularies from Eighteenth- and Nineteenth-Century Brazil". In: Lovejoy, Paul (ed.). *Identity in the Shadow of Slavery*. Londres: Continuum, 2000.

CRÉDITOS DAS ILUSTRAÇÕES

p. 100: Frédéric Gadmer, "Abomei, Daomé (atual Benim), África. Tronos reais de Abomei (Dakodonou, Ouegbadja, Akaba, Agadja) em frente à sala do trono (*zinkpoho*) no pátio do palácio de Guezo". Fotografia, 1930. Acervo Museu Albert-Kahn

p. 107: Edmond Fortier, cartão-postal, s.d. In: Moreau, Daniela; Parés, Luis Nicolau. *Imagens do Daomé: Edmond Fortier e o colonialismo francês na terra dos voduns (1908-1909)*. São Paulo: WMF Martins Fontes, 2018

p. 116-17: Jean-Baptiste Labat, "Procissão à Grande Serpente pela coroação do rei de Judá". Gravura, 1730. Acervo Bibliothèque nationale de France

p. 127: "Culto de Dan, Benim, *c.* 1950". Foto: Pierre Verger. © Fundação Pierre Verger

p. 129 e 163 (detalhe): Auto de corpo de delito e cópia de sumário de uma diligência (Paracatu). Arquivo Nacional da Torre do Tombo (ANTT), Fundo Inquisição de Lisboa, processo 1551, ano 1747

p. 134: Frédéric Gadmer, "Porto Novo, Daomé (atual Benim), África. Na aldeia nativa, um Iroko (*Milicia excelsa*) sagrado ou árvore fetichista". Fotografia, 1930. Acervo Museu Albert-Kahn

p. 136-37: Arquivo Eclesiástico da Arquidiocese de Mariana (AEAM), Livro da Irmandade do Rosário, Itabirito, l-23 (1745-1820), fl. 46v (numeração original 47v)

p. 138: Foto: João Prudente/Pulsar Imagens

p. 139: Carlos Julião (1740-1811), "Cortejo da Rainha Negra na festa de Reis" (desenho 46). Aquarela. Acervo Fundação Biblioteca Nacional — Brasil

p. 143 (em cima): GM Photo Images/Alamy/Fotoarena

p. 143 (abaixo): Ian Trower/Alamy/Fotoarena

Este livro foi composto em Freight text em fevereiro de 2023.